한국 남성을
분석한다

도란스
기획 총서
2

한국 남성을
분석한다

권김현영 엮음

권김현영, 루인, 엄기호
정희진, 준우, 한채윤

교양인
GYOYANGIN

들어가는 글 | 한국 남성을 분석한다 _권김현영 7

한국 남성의 식민성과 여성주의 이론 _정희진 27

남성성, 식민지 남성성
남성성에 대한 여성주의 이론
패권적 남성성
주변적 남성성
식민지 남성성

근대 전환기 한국의 남성성 _권김현영 67

한국 남자는 왜?
근대 전환기 식민지 남자들의 처지
차이로서 남성 주체는 가능한가
한국 남자의 남성성들을 위해

남성 신체의 근대적 발명 _루인 105

근대 외과 의학의 발달과 남성성 규범 형성
외부 성기로 증명하는 남성 신체
징병 검사, '국민' 관리 제도, 그리고 남성성
남성/성이란 생물학

보편성의 정치와 한국의 남성성 _엄기호 155

피해자 대 기득권자
남성의 위기, 노동에서 추방되고 국민권을 박탈당하다
평등의 문 앞에서 엎어지다 - 찌질이라는 속물
평등? 나 혼자 즐기련다 - 동물이 된 우아한 초식남
평등! 남녀 간의 평등 말고 남성들 간의 평등 - 괴물로 진화하는
사이버 마초
속물, 동물, 그리고 괴물을 넘어

이성애 제도와 여자의 남성성 _한채윤 185

소녀는 어떻게 레즈비언이 되었는가
레즈비언의 남성성과 이성애주의
부치와 트랜스남성 - 남성성의 원본은 없다
이성애주의와 남성성

트랜스남성은 어떻게 한국 남자가 되는가 _준우 213

트랜스남성이 이렇게 평범해도 되는 거야?
평범한 남자의 들킬 위험
남성 간 유대 관계에서 남자 되기란
남자의 몸은 낭만이자 권력이다
트랜스남성은 '한남'이 되고 싶은가

한국 남성을 분석한다

애비를 잊어버려

에미를 잊어버려

형제와 친척과 동무를 잊어버려,

마지막 네 계집을 잊어버려……

아니 아메리카로 가라, 아니 아프리카로

가라, 아니 침몰하라, 침몰하라, 침몰하라.[1]

　남성성의 위기와 가부장제의 쇠퇴에 관한 담론은 페미니즘의 주요 관심사이다. 지난 30년 동안 전 세계적 경제 위기가 심화된 결과, 근대적 남성성의 핵심인 생계 부양자로서 남성의 역할은 불가능해졌다. 한국도 예외가 아니다. 한국의 중산층을 포함한 대부분의 가정 경제는 외벌이로 지탱할 수 없게 된 지 오래다.

---

1) 서정주, 〈바다〉, 《미당 서정주 전집 1》, 은행나무, 2015, 65쪽.

'고개 숙인 아버지'의 쓸쓸한 뒷모습을 보며 자란 아들들은 이제 더는 여자를 먹여 살리는 것을 남자의 일이라고 생각하지 않는 다. 남자들은 사회가 원하는 성 역할을 할 수 없게 되었지만, 여 전히 남성으로서 지위를 유지하고 있다. 어떻게 된 일일까.

첫 번째 이유는 경제 위기는 남성의 위기로 '재현'되었을 뿐, 정작 망가진 것은 여성의 '현실'이기 때문이다. 경제 활동 참가 율부터 고용 안정성 문제, 성별 임금 격차에 이르기까지 한국의 여성 노동 현실은 '참혹'하다는 표현을 써야 할 정도로 엉망이 다. 한국의 여성 경제 활동 지수는 OECD(경제협력개발기구) 국가 중 멕시코에 이어 끝에서 두 번째이고, 성별 임금 격차는 OECD 국가 중 최하위다. 지난 10년간 여성 임금 노동자 수는 144만 명 증가했지만, 대부분 중위 소득 이하에서 비정규직으로 일한다. IMF 경제 위기 이후 한국 여성들은 이전보다 더 낮은 임금과 더 불안정한 조건에 처하게 되었기 때문에 여자가 돈을 벌어도 가 족 내 지위 향상으로 이어지지 않는다. 노동의 값이 남자에 비해 낮은 한, 여성의 경제 활동은 언제나 보조적인 것으로 취급되기 때문이다.

생계 부양자 역할을 하지 않아도 남성의 지위가 유지될 수 있 는 두 번째 조건은, 바로 폭력이다. 공적 영역에서 승승장구하는 일부 여성들에게 열등감을 느낀 남성들은 주변에 있는 낮은 지 위의 여성들에게 폭력을 행사한다. 성공한 여성에 대한 미디어 의 지나친 관심은 대다수 여성의 현실을 보지 못하게 만들 뿐만 아니라 남성의 열패감에 불을 붙이는 결과를 초래했다. 다시 말해, 생계 부양자로서 성 역할을 하지 못하게 된 남자들은, 여자들을 비난하고 혐오하거나 여자들에게 폭력을 행사함으로써 지위를 유지하려 한다. 하지만 사회는 남자들이 "역차별을 당하고 있다."며 '피해 의식'을 느낄 만도 하다고 위로해주었다. 여성 혐오가 원인이자 결과였던 강남역 살인 사건 이후, '청년 실업율이 9.8퍼센트에 달하는 현실이 젊은 남자들의 불안 심리를 자극하고 있다'는 내용을 담은 심층 보도가 방영되는 식이다.

한국 남자가 '믿고 있는' 현실과 실제 성 평등 관련 수치들의 차이는 그 어느 때보다도 크다. 그들은 어떤 데이터도 믿지 않는다. 자신들이 겪고 있는 심리적 현실과 다르기 때문이다. 그 결과, 한국 남자들은 억울함과 피해 의식으로 가득 차 있다. 나는 한국 남성의 특수성을 어떻게 설명할 수 있을지 골몰하던 지난 몇 개월간 30~40대 남자 지식인들과 20대 남자 청년들을 만나보았다. 이들이 지금 한국 남자가 당면해 있는 문제의 원인으로 공통적으로 꼽은 것은 '역할 모델'의 부재였다. 한 작가는 방송에 나와 아버지에게 버림받고 상사에게 사기당한 청춘 시절의 기억을 더듬으며 존경할 만한 (남자) 어른이 없다는 이야기를 하기도 했다.

역할 모델의 부재는 한국 남자의 식민지 근대성을 설명하기에 매우 적합한 해석이기도 하다. 글의 첫머리에 인용한 서정주의

시 〈바다〉는 이미 병들었고 침몰 직전인 상태에서 애비와 에미, 형제자매, 자신의 '계집', 나라까지 모두 잃은 자신에 대해 노래한다. 시인의 다른 시 〈자화상〉은 "애비는 종이었다"라고 시작하고, 마지막을 "병든 수캐처럼 헐떡거리며 나는 왔다"라고 끝난다. 역할 모델이 없는 남자들은 무엇을 해야 할지, 무엇을 하지 말아야 할지 모른다. 지난 수십 년간 한국 남성은 이 상태로 살아왔다. 혼자 벌어 가족을 건사하기 불가능해진 상황에서 전업 주부를 증오하면서도 맞벌이 아내를 위한 가사 노동은 외면했으며, 직장이 구조 조정 위기가 닥칠 때마다 여자가 먼저 해고되는 것은 당연하다고 생각했다. 놀랍게도, "내가 네 팔자를 펴주겠다."거나, "결혼하면 아침밥은 차려줄 거지?"라고 프러포즈 하는 남자가 '아직도' 있다. 한국 여자들은 이제 이러한 표현을 낭만이 아니라 공포로 이해한다. 평생 동안 남자의 운명에 자신의 삶을 맡기고, 50년 동안 아침밥을 차려줘야 할지도 모르는 '현실'로 말이다. 이 상황에서 이성애가 위기에 빠진 것은 어쩌면 필연이다. 결혼 제도가 와해되고, 생계 부양자로서 지위를 잃어도, 이성애를 통해 생물학적 남성성을 과시하는 것으로 근근이 버텨 왔던 한국 남자들은 이제야 진정한 위기를 맞게 된 것이다. 한국의 남성성에 대한 본격적인 분석이 필요한 이유다.

남성성은 여성성을 비하함으로써 구성된다. 여자다움은 곧 남자답지 않은 것을 뜻하는 부정성의 총체이다. 남자다움의 이상에 도달하지 못한 남자는 남자들 사이의 위계 질서의 하층부로 편입됨으로써 남자라는 집단 속에서 성원권을 인정받는다. 어떤 경우에도 남성은 여성과 동일시되지 않는다. 만약 여성과 동일시되는 남성이 있다면 남성 문화는 그를 남자가 아닌 존재로 간주한다. 여자다움과 남자다움의 정의에 관한 가장 오래된 문헌 중 하나는 오토 바이닝거(Otto Weininger)의 《성(性)과 성격》(1907년)인데, 이 책에서 바이닝거는 인간은 본래 양성적인 성향을 모두 타고났는데, 인간의 영혼을 타락시키는 여성적 특성을 극복해야만 비로소 남성과 여성 모두 인간답게 될 수 있다고 주장한다. 이때 여성적인 것은 극복되어야 할 악함 혹은 약함을 상징한다.

남성성이 여성성에 대한 평가 절하를 거쳐 비대칭적으로 구성된다는 것을 가장 명백하게 보여주는 사례는 '사나이, 가시내, 남편, 여편' 등 남성과 여성을 지칭하는 언어이다. 한국어로 남자를 뜻하는 '사나이'라는 말은 주로 젊은 남자를 지칭하는 말이며, 이와 대비해 여자를 지칭하는 말은 '가시내'이다. '사나이'는 표준어가 되었으나 '가시내'는 계집아이를 비하하는 속어가 되었으며, 이와 유사하게 남편(男便)과 대칭되는 여편(女便)은, 여편네라는 말로 아내를 속되게 부르는 말이 되었다. 남자와 대칭되는 여자의 지칭은 처음에는 대칭적 의미로 동등하게 생성되었지만, 여성과 관련된 명사는 여성의 낮은 지위로 인해 같은 표준어가 되지 못한다. 여자다움에 대한 체계적인 부정을 통해 남자다움의 정상적이고 보편적인 지위가 보장되어 왔던 것이다.

《한국 남성을 분석한다》는 남성으로서 성 역할이 점점 불가능해졌는데도 남성으로서 지위를 유지하기를 바라는 한국 남성의 현재를 다각도에서 분석하고자 한다. 이 책의 중요한 목표 중 하나는 젠더 연구로서 남성성을 분석하는 인식론과 방법론을 제안하는 것이다. 이 책의 필자들은 남성성과 관련한 신체, 심리, 문화는 실재가 아니라 규범이자 신화라고 본다. 또한 페미니즘이 여성을 여자다움에서 벗어나도록 하여 자기 자신으로 살 수 있게 하는 이론이라면, 남성 역시 남자다움의 구속으로부터 벗어날 수 있게 해주는 사상이며 그것이 모두에게 좋은 일이라는 데 동의한다. 이 책에서 우리는 기존의 남자다움의 규범을 해체하는 동시에, 남성성에 대한 다른 해석의 가능성을 열고자 했다.
  하지만 기존의 남자다움을 둘러싼 보편성과 추상성의 신화에 대한 문제 제기가 곧바로 새로운 해석으로 이어지는 것은 아니다. 남성성을 분석할 때 가장 어려운 점은 남성성은 여성성과 구성 원리와 과정이 다르다는 데 있다. 예를 들어, 공간 분석을 할 때 남성 전용 공간의 조직 원리는 여성을 '포함하면서 배제'하는 구조이다. 반면 여성 전용 공간은 '남성 배제'를 가장 중요한 원리로 삼는다. 즉, 남성 전용 공간과 여성 전용 공간은 역사적으로나 문화적으로 각각 다른 이유로 구성되고 운영된다. 남성 전용 공간에는 여성들이 고용되어 제한적 진입이 허용되는 반면,

여성 전용 공간에 남자를 고용하는 일은 극히 드물다. 남자 화장실을 청소하는 여자 청소 노동자는 남자의 사적 공간을 침범하는 것이 아니다. 성별 분업과 성별 임금 격차 때문에 화장실 청소를 할 남자를 구하기 어려워서 여자가 그 일을 하는 것이다. 또 다른 예로 보통 게이 클럽에서는 여성 출입을 허용하지만, 레즈비언 클럽에서는 남성 출입을 금한다. 공간의 성별성이 조직되는 원리가 다르기 때문이다. 따라서 남성성 연구는 젠더 연구여야 하지만, 여성성 연구와 같은 방식일 수는 없다. 여성성 연구 방법 중 하나는 잊힌 목소리를 복원하고 발굴하고 재해석하는 것이다. 여성의 주체화 양식을 연구하고 여성 주체의 행위성을 맥락화하는 작업은 기본적으로 보편의 특수로 존재해 왔던 여성의 위치에서 시작한다. 여성은 딸, 어머니, 아내, 애인 등 남성과 어떤 관계를 맺는지에 따라 사회적 지위와 역할이 정해졌고, 그렇지 않은 경우에는 여공, 여교사, 여기자, 여비서로 호명되었다. 남성성의 경우 남성 동일시의 동학과 정체화 양식은 여성과 다르다. 남성은 아들, 아버지, 남편으로 불리며 응당 대접받아야 할 지위를 배당받았고, 노동자이자 시민, 유권자, 청년으로 불리며 보편을 대표했다.

젠더 연구로서 남성성 연구는 남성 '일반'을 인간 보편으로 상정했던 위치를 탈구(脫臼, dislocation)시키면서 이분법과 이원론에 의거하지 않은 '남성성들'의 목록을 다시 설정하는 것에서 시작해야 한다. 지금까지 남성성 담론은 새로운 남성의 등장을 항상 위기에 처한 남성 지위와 연결하며 다시 전통적 남성상으로 회귀하는 퇴행을 반복해 왔다. 남성성은 권력 혹은 폭력과 같은 속성이 아니다. 남자의 '위기'를 강조하는 담론은 대부분 결과적으로 남자의 지위를 강화하는 역할을 해 왔다. 이 점은 남성성 연구자들이 특히 유념해야 할 부분이다. 우리에게 필요한 것은 '남성성들'을 보편이 아니라 차이로서 분석하는 시각과 기획이다.

이 책은 남자다움의 의미 구성 과정에 개입하기 위한 담론적 실천이다. 이를 위해 각각의 필자들은 역사와 문화를 넘나들고, 문학과 철학과 인류학을 바탕으로 삼아, 퀴어 스터디와 젠더 연구라는 인식론 등 다양한 지적 배경에서 저마다의 해석을 시도했다. 이 책에 실린 여섯 편의 글은, 모두 다른 소재와 배경에서 기존의 남성성 이론을 질문하고 당대 한국 남성에 대한 새로운 해석을 제안한다.

정희진의 글은 '남자답지 못한 남자'가 여성을 더욱 억압하는 종속적(주변적) 남성성, 식민지 남성성에 대한 시론이자 한국 남성 문화에 대한 탈식민 분석이다. 남성 특권을 유지하기 위한 사회적 제도들은 철저하게 성별 이분법 이데올로기의 세계 위에 구축되어 있다. 그리하여 성별 분업을 지탱하는 정치·경제적 조건이 무너져도, 남자는 아무것도 하지 않아도 단지 남자라는 이유만으로 여자에게 노동을 요구할 수 있다. 젠더(성별 제도,

gender system)가 가장 오래되고 치열한, 정치의 최종 심급이라는 사실을 전제하지 않는다면 사회는 여성주의와 소통할 수 없다. 그런데도 혹자는 남성을 변화시키려면 더 쉽고 덜 공격적으로 말하고, 더 인내심을 품고 더 친절하게 설명하라고 요구한다. 하지만 '교육'을 통해 남성을 변화시킬 수 있다는 생각은 젠더가 적대를 전제하는 권력 관계라는 사실을 무시한 제안이다.

이 글에서 정희진은 남성성을 분석하는 기존의 여성주의 이론을 망라하며 한국의 근현대사에서 언제나 자신들이 역사적, 정치적 주체였다고 믿어 온 남자의 주체성을 뿌리째 건드리는 담론적 개입을 시도한다. 정희진은 남성성에 대한 여성주의 인식론을 근대 자유주의부터 후기 구조주의까지 검토하면서 남성성 문제의 핵심이 보편성의 전유와 비대칭적 언어 사용이라는 부정의에 있다고 주장한다. 이것이 메타젠더(meta-gender)의 인식론으로서 남성성 문제를 이론화하는 한 축의 주장이라면, 다른 한 축은 남성성의 역사화이다. 한 사회를 주도하고 지향하는 '패권적' 남성성은 계속 변화해 왔다. 따라서 그때그때마다 남성성의 특징은 달라지고, 남성성이 겹쳐지는 어떤 시기에는 상호 모순적인 특징을 모두 남성성이라 주장하는 일도 생겨난다. 정희진은 남성성의 분화는 남성 내부의 헤게모니 투쟁의 결과로 등장하는 것이지, 남성의 위기가 아니라는 점을 주변적 남성성의 등장과 남성의 위기 담론 분석을 통해 매우 잘 보여준다. 정희진이 궁극적으로 제안하는 한국 현대사와 한국 사회를 관통하는 문화 권력은 '식민지 남성성(colonialized masculinity)'이다. 식민 지배와 강대국에 둘러싸인 지정학적 위치를 경험한 한국 사회에서 식민지 남성성은 여성주의의 가장 큰 논쟁거리이자 어려움이다.(식민지 남성성은 한국 근현대사를 관통하는 '시대 정신'이었다.) 식민지 남성 문화의 핵심은, 국가 내부에서는 여성을 억압하지만 강대국 남성이나 자신보다 높은 계급의 남성과 자신을 동일시하는 남성 연대에 있다. 정희진은 이런 문화가 바뀌지 않는 한, 사회 정의도 사회 변화도 진보도 없다고 단언한다.

정희진의 식민지 남성성 분석에 이어 권김현영의 글은 "한국 남자들이 생각하는 남자다움의 근거는 왜 생계 부양자와 보호자에 있지 않은가", "많은 한국 남자들은 왜 자신의 남성성을 페니스와 성욕에만 집중하는가?"라는 의문을 풀기 위해, 식민지 근대라는 시공간으로 거슬러 올라간다. 근대 전환기부터 식민지 시기를 거쳐 형성된 한국의 남성성은 필연적으로 식민지 남성이라는 위치를 통과해야 했다. 식민지 남성은 근대적 의미의 보편적 개인이 될 수 없었다. 피식민지의 조선 남성들은 말을 버리고, 이름을 바꾸고, 제국의 전쟁에 참전할 때에야 비로소 자신의 남성적 신체를 과시할 수 있는 자격을 얻을 수 있었다.

식민지 조선의 남성성은 피지배 상황에 놓인 자신을 구원하기 위해 제국 일본의 남성성에 자신을 동일시하거나, 피식민 상황을 안정화하려는 제국 남성들과 공모해 일본 여성과 혼인을 꿈꾸거나, 피식민 여성들의 섹슈얼리티와 노동에 기생해 살아갈 수밖에 없는 자신의 처지를 비관했다. 식민지 남성이라는 조건은 보편이 되기 위해 동일시할 수 있는 적절한 대상이 없었기 때문에 피식민 여성을 타자화하는 한편, 타자화된 여성의 자리마저 점유함으로써 남성의 정체성을 훼손하지 않고 보존할 수 있었다. 하지만 다르게 읽으면 이들은 제국의 남성에 동일시한 것이 아니라 사랑한 것이며, 비록 식민주의자의 내선 일체 기획으로 시작되기는 했으나 일본 여성과 혼인 생활을 통해 기존의 전통적 남성성과 결별할 수도 있었다. 부인이 벌어다주는 돈으로 생계를 유지하는 처지를 비관하지 않고 수용하고 적응하는 것도 가능했다. 권김현영은 위의 두 가지 해석을 모두 열어놓고 식민지 남성성이 여성성을 타자화함으로써 남성성을 보존하는 일을 그만둔다면, 즉 실패와 상처를 여자 같다거나 여자보다 못하다는 식이 아니라 그 자체로 수용할 수 있게 된다면 성차화된 남자 인간의 새로운 가능성이 생겨날 수 있다고 제안한다. 애초에 세상의 어느 누구도 이상화된 남성성을 성취하는 것은 불가능하다. 이를 인정한다면 남성을 보편이 아니라 성별 차이의 한 부분으로 호명하는 기획이 가능할지도 모른다. 남성성 내부의 이질성을 드러낼 때에만 기존의 남성성에 도전할 수 있으며 이것이 탈식민의 시작이라는 것이 이 글의 요지이다.

　루인의 글은 근대적 남싱 신체가 발명되어 온 과정을 '세계사'

의 시야와 한국적 적용이라는 차원을 넘나들며 묘사한다. 근대화 기획의 주요 과정은 섹스-젠더의 발명과 성차의 구분이었다. 이는 의료에서 인간 모델이 일원론에서 이원론으로 변화해 가는 과정에서 더 분명하게 성별 이형성(性別 異型性, heterogamete)[2]을 증명해야 한다는 요구가 초래한 결과였다. 이 과정에서 호모 섹슈얼리티라는 개념과 범주가 발명되었다. 호모 섹슈얼리티라는 단어가 처음 등장했던 1869년에 이 단어는 지금 퀴어(queer)와 비슷한 뜻, 즉 이성애 섹슈얼리티 규범을 실천하지 않고 젠더 이분법 규범을 지키지 않는 존재들을 통칭하는 말로 사용되었다. 그러나 점차 비이성애 실천, 비규범적 젠더 실천은 병리적인 현상이 되었다. 그들은 어디에도 속하지 않은 '모호한 젠더' 혹은 '인터섹스'로서 의사의 권고에 따라 여자 아니면 남자로 구분되어야 했다. 루인은 근대 국민국가, 제국주의 경제 성장, 공장 노동자와 성별 분업의 규범화 기획에서 모호한 섹스-젠더인 '개인'이 위험하고 '불길'한 존재로 취급되는 과정, '여성' 아니면 '남성'으로 사라지거나 외부와 격리되어 가는 역사에 대한 논의를 정교하게 전개한다.

남성 신체의 정상성을 판별하는 데 지금처럼 음경의 형태와

---

2) 'heterogamete'는 생물학에서 '이형 배우자'를 뜻하는 말로, 두 개의 배우자 간 모양, 구조, 크기, 성질, 수정 시의 행동 등에 차이가 있을 경우 양자는 서로 이형 배우자의 관계에 있다고 한다. 이형 배우자라는 말 자체가 이성애만을 염두에 둔 표현이므로 여기에서는 성별 이형성이라고 표기한다.

외부 생식기의 돌출 정도를 기준으로 삼기 시작한 것은 언제일까? 한국의 경우는 1950년대 들어서다. 군대의 신체 검사 제도는 신체를 등급으로 나누고 정상/비정상의 기준을 만들어냈다. 이때 남성의 신체는 국가와 민족을 위해 자신을 희생하고 헌신하며, 국가의 명예를 드높이는 영광된 의무를 수행한다. 근대적 남성은 늘 체육 같은 운동을 통해 신체를 단련해야 했고, 운동과 전투에 문제가 없는 몸 상태를 유지해야 했다. 신체 검사 검진 기준에 음경과 고환과 관련해 이례적으로 많은 기준이 부여된 것은, 군대를 통해 특정한 몸을 만들고 특정한 몸을 걸러내겠다는 의도를 보여준다. 이는 남성이 되기 위해서는 이성애 규범적 성관계를 할 수 있는 신체를 갖춰야 하며 국가 건설과 국민 만들기에 적합한 개인만 국민으로 인정하겠다는 의미이다. 이것이 바로 근대 남성 신체의 발명기이며, 근대적 남성성의 시작이다.

엄기호는 강남역 살인 사건으로 공론의 장에 적극적으로 나선 여성의 목소리 뒤편에서 우리도 피해자라며 웅얼거리는 젊은 남성들의 목소리와, 이들을 준엄하게 꾸짖으며 새로운 글로벌 시민 규범으로서 페미니즘을 장착한 남성들의 목소리를 대비한다. 자신이 피해자라 주장하는 남자들은 스스로를 "찌질하다"고 정의하는 데 주저함이 없다. "어릴 때부터 남자라는 이유로 특권을 누리기는커녕 언제나 금지와 억압과 더 많은 감시를 받아 왔으며 심지어는 군대까지 다녀왔는데도 아무런 보상이 주어지지 않았다." 이들의 언어는 젊은 남성들의 공통 경험으로 유통되고 보편성을 획득한다. 한편, 새로운 글로벌 시민으로서 자신을 망설임 없이 페미니스트라고 선언하는 남성들은 우리 시대의 보통 남자를 자처하는 이들이 자기 연민에 빠져 주관적 경험과 객관적 사실을 구분하지 못한다며 이들에게 "생각 좀 하고 살라"고 말하고 충고한다. 문명화된 글로벌 페미니스트 남자 시민이 가져온 새로운 무기는 바로 인권이다. 엄기호는 이들이 '보편적 언어'를 보편적으로 사용한다는 점에 주목한다. 즉, 이들이 보편적 인권에 예외는 없다고 말하며 예외와 맥락을 고려하는 것은 인권의 보편성에 훼손을 가하는 일이자, 후진성을 증명하는 일이라고 비판한다.

엄기호는 가장 적대하는 것처럼 보이는 두 가지의 남성성이 국민국가 중심의 주권 질서의 재편과 긴밀히 맞물려 있으며, 이들이 보편성에 집착하는 것은 곧 주권자의 위기 의식에서 비롯된다고 진단한다. 노동의 재생산이 국가의 부를 생산하는 데 오히려 짐이 되고 있는 상황을, 경제적 위기 담론에서 주권자의 위기 의식으로 이행하는 과정으로 설명하는 엄기호의 글은 매우 흥미로울 뿐만 아니라, 지금 현재 정치 공론장에서 불거지는 마초성에 대한 적절한 설명을 제공해준다. 이제 특권을 유지할 수 있는 물적 조건을 잃어버린 한국 남자들은 사이버 공간을 자신들을 정치적으로, 남성으로 재주체화할 수 있는 공간으로 삼고 있다. 남성이 주권의 독점자일 수도, 생계 부양자일 수도 없는 사회 구조의 재편 속에서 남자들이 도달해야 하는 다음 언어는 무엇이어야 할까? 그것은 자기 연민도 자기 확신도 아니어야 한다는 것이 엄기호의 주장이다. 두 언어 모두 스스로 보편성의 담지자라고 주장하는데, 그것이야말로 페미니즘의 언어가 아니라는 것이다.

한채윤은 남성성을 분석하는 또 다른 시야를 '여자의 남성성'이라는 개념을 통해 보여준다. 한채윤의 글에 따르면, 레즈비언에 대한 선입견과 편견의 핵심에는 남성성은 남자만이 소유한다는 관념이 있다. 한채윤의 주장은 간결하고 정확하다. 여자에게도 남성성이 있다고 생각을 바꾸면 레즈비언은 이성애자 남성을 모방하는 것이 아니라 이성애자 남성의 경쟁자라고 생각할 수 있다는 것이다. 레즈비언은 남자를 혐오하거나 선망하는 여자가 아니다. 레즈비언은 이성애 성 규범에 포섭되지 않는 여성이 존재할 수 있으며, 여자에게도 남성성이 있다는 것을 '증명'한다. 남성 동성애자가 남성성을 훼손하는 존재로 낙인이 찍힌다면, 여성 동성애자는 남성성을 위협하는 존재이기 때문에 낙인이 찍힌다. 여자를 좋아하고 여자에게 끌리는 것 자체를 남성성으로 설명하고자 하는 이성애 사회의 기획에서 레즈비언의 남성성은 설명될 수 없다. 한채윤은 이것이 바로 사회가 레즈비언의 남성성을 공격하고 부인하고자 하는 이유라고 설명한다. 이성애자 남자는 자신의 성적 욕망이 여자에게 향해 있다는 점을 과시하기만 해도 남자가 된다. 이성애주의에 기반한 강제적 이성애 제도가 관철되는 사회에서는 이성애의 정상성에 강박적인 기준이 부과되며, 그 결과 이성애 규범에서 벗어난 남성성의 입지는 더욱 좁아지고 위태로워진다. 단지 페니스만 가지고 있다고 해서 남자답게 살 수 있는 것은 아닌 사회일수록, 페니스에 의미를 부여하고 싶어 한다. 그런 점에서 레즈비언의 남성성은 이성애자 남자의 남성성을 직접적으로 위협한다. 레즈비언이 위반하고 있는 것은 성별 규범과 이성애 제도라는 두 차원 모두이기 때문이다. 한채윤은 이 글을 통해 풍부한 역사적 사료들을 흥미진진한 분석과 함께 제시하며 여자의 남성성을 이해 가능한 방식으로 재배치해낸다.

한채윤의 글이 여자의 남성성과 이성애자 남자의 남성성의 위치를 설명했다면, 준우의 글은 트랜스남성(Female to Male)의 욕망을 두루 분석하는 글이다. 트랜스남성은 사회적으로 남자로 인정받기 위해서 끊임없이 자신의 '특별함', 즉 차이를 지우고 '보통 남자'로서 자신을 확인하고자 한다. 그렇다면, 트랜스남성들이 되고 싶어 하는 그 '평범한 남자'란 대체 누구인가? 어쩌면 그 평범한 남성성의 정체를 트랜스남성들의 욕망과 남성성의 수행 과정을 통해서 밝혀낼 수도 있지 않을까? 아이러니하게도, 그러나 정확하게도 이들이 생각하는 '보통' 남자는 늘 '보통'

이상의 존재다. 트랜스남성은 여자가 아님을 증명함으로써 보통 남자가 될 수 있다고 생각한다. 그런데 '여자와는 달리', '여자보다는' 같은 성별 위계로 이루어진 성별 이분법에서 남자는 곧 여자보다 나은, 보통 이상의 존재이다. 보통으로서 보편을 대표하고, 동시에 여자보다 우월하다고 간주되는 남자의 위치가 트랜스남성의 욕망으로 드러난다.

준우는 트랜스남성의 위치가 '여자 아님'에 대한 증명에서 시작된다는 점에 주목한다. 트랜스남성은 '보통 남자'가 굳이 증명하지 않아도 되는 영역에서 '들킬 위험'이라는 일상적 긴장을 유지하면서 살아간다. 남자들의 공간, 이를테면 기숙사, 화장실, 사우나 등지에서 페니스를 통해 남성성을 끊임없이 확인하고 검증하는 과정이 이루어지기 때문이다. 준우는 이것은 비단 트랜스남성만의 문제가 아니라, 남자라면 모두 남자의 공간에서 페니스의 과시와 확인이라는 문화적 강박 속에 살아간다는 점을 지적한다. 이 글에서 가장 흥미로웠던 부분은 '하체의 옷맵시'와 '성욕'에 대해 트랜스남성들과 필자가 나눈 대화였다. 맞춤 정장의 로망은 누구나 품고 있는 것이지만, 트랜스남성들은 특히 사타구니 앞섶의 불룩 튀어나온 부분에 주목한다. 페니스 부재는 트랜스남성 서사 전체를 관통하는 주제이기도 하다. 이 점은 한국 남자의 남성성에 페니스가 얼마나 큰 의미를 차지하고 있는지를 거울처럼 비춰준다. 남자의 성적 욕망은 페니스의 자극으로만 성취되지 않는다. "상대 위에 올라타서 내려다볼 때 땀 흘리며 움직이고 있는 삽입하는 남성의 이미지"가 남자의 성적 쾌락을 핵심적으로 구성한다. 이 글은 심층 면접 인터뷰를 통해 당사자의 언어를 구체적으로 가시화했다는 점에서도 방법론적 성취를 보여준다.

《한국 남성을 분석한다》는 연구 모임 '도란스'의 두 번째 책이다. 이 책은 《남성성과 젠더》의 개정증보판으로 기획했는데, 정희진, 엄기호는 글을 완전히 다시 썼고, 새로운 필자로 준우가 합류했으며 나머지 필자들도 기존의 글을 대폭 개고했기 때문에 거의 새로운 책으로 보아도 무방할 것이다. 그동안 한국 사회에서는 모두가 힘을 모아 위기에 빠진 남성성을 구했다. 하지만 구해야 할 건 남성성이 아니라 변화하지 않으려는 남자들과 함께 사는 나머지 모두였다. 한국의 남성성은 더 많은 도전을 받아야 하고, 반드시 변해야 한다. 2017년 대통령 선거에는 자서전에 '돼지 흥분제 강간 공모'라는 중범죄를 젊은 날의 치기였다고 자백한 여권 후보가 출마했다. 한국의 '국민' 예능으로 유명한 〈무한도전〉의 전 멤버도 돼지 흥분제를 구하려 했었다는 고백을 한 적이 있다. 급변하는 한국 사회에 유일하게 전승되는 문화가 '돼지 흥분제'라니. 이들을 감싸는 논리는 더욱 놀랍다. "솔직하게 반성하니 용서해주자." 지식이 아니라 무지가 특권이 되고, 서로 예의 바르게 구는 교양이 위선이 되고 무례와 범죄가 솔직함으로 둔갑하는 사회다. 이 책으로 '한국 남자'의 남성성들에 대한 논의가 본격적으로 이루어지기를 희망한다.

'도란스' 총서 시리즈에 실린 글들은 《양성평등에 반대한다》부터 이 책에 이르기까지 고통스러운 상호 합평을 거쳐 같이 만들어 간다. 상호 신뢰가 없으면 시도하기 어려운 일이고, 누군가가 일방적으로 희생되어서는 오래갈 수 없는 구조다. 그러므로 성원의 성장은 우리 모두의 목표이기도 하다. 이 모임을 통해 유보 없이 논쟁하고 서슴없이 개입하는 지적 교류를 경험하게 된 것은 큰 행운이다. 독자들과도 함께 하고 싶다. 강박과 불안으로부터 벗어나 상호 의존과 보살핌 사회를 두려워하지 않는 '인간'으로서의 남자가 한국 남자의 지향이 되기를 바라며.

2017년 봄

필자들을 대신하여, 권김현영 씀

feminism

gender

tra

tity

ca mo

tity

한국 남성의 식민성과
여성주의 이론

정희진 │ 여성학/평화학 연구자. 서강대학교 전인교육원 서
강 글쓰기센터 강사. 저서에 《낯선 시선》, 《아주 친밀한 폭
력》, 《정희진처럼 읽기》, 《페미니즘의 도전》이 있으며, 《양성
평등에 반대한다》, 《한국여성인권운동사》, 《성폭력을 다시
쓴다》의 편저자이다. 그 외 50여 권의 공저가 있다. 300여 편
이 넘는 책의 서평과 해제를 썼다.

modern

평화로운 시골 농장에 악당이 쳐들어온다. 위기를 직감한 아버지는 가정과 농장을 지키기 위해 총을 들고 나선다. 집을 나서기 전 아버지는 가족들과 숙연한 이별을 나누고, 7살짜리 아들에게 숨겨 둔 총을 건네준다. "아빠가 없으니까, 네가 어머니와 누이들을 지켜라. 넌 남자니까." 그러나 이건 미국 남자의 이야기이다. 한국 사회에서 비슷한 일이 생겼다면, 총은 아마 어머니나 나이 많은 누이에게 맡겨졌을 것이다. 대를 이을 어린 씨앗을 지키는 게 온 집안의 책무였을 테니까.[1]

남자는 여자가 자기를 무시할까 봐 두려워하지만, 여자는 남자가 자기를 죽일까 봐 두려워한다.(마거릿 앳우드)[2]

---

1) 허연, 대한출판문화협회, 월간 〈출판저널〉 vol. 337, 2003년 12월호, 29쪽.
2) 전희경, "계속, 끝까지, 페미니스트로", 《페미니스트 모먼트》, 권김현영, 손희정, 한채윤, 나영정, 김홍미리, 전희경 지음, 그린비, 2017, 177쪽에서 재인용.

남성성, 식민지 남성성

성 차별이나 가부장제 사회의 불합리성에 대해 말하면 여성 수강생들은 이구동성으로 외친다. "우리는 다 알죠. 이런 교육이 진짜 필요한 사람은 남자들이에요. 그래야 세상이 변하지. 우리끼리 만날 이야기해봤자⋯⋯." 일부 남성들의 반응도 마찬가지다. 성 차별에 관심 있는 남성들에게 여성주의 강의를 하면 여성이 살아가는 현실에 놀라움을 감추지 못하면서 '반성 모드'로 말한다. "이건 정말 남자들이 들어야 할 이야기예요!" 이러한 상황은 한국인들이 젠더를 대하는 전형적인 반응이다. 정의감과 안타까움은 있지만, 사람들은 여전히 젠더를 정치적 문제로 인식하지 않는다.

여성학 강의를 듣고 변하는 남성은 거의 없다. 남성이 교육으로 변하지 않는 현실은, 젠더가 적대를 전제로 하는 권력 관계이기 때문이다. 계급 불평등을 개선하기 위해 자본가를 교육하고 각성시켜야 한다는 주장은 없다. 자본가는 촛불 시위나 특별 검사 같은 제도나 물리력을 통해 '변화'하고, 동시에 언제나 역전을 노린다. 그들은 멈추는 법이 없다.

인종, 계급, 젠더는 모두 권력 관계다. 그런데 왜 유독 젠더만 그렇지 않다고 생각하는 것일까. 왜 성별 권력 관계만 교육이나 상담이나 설득으로 해결할 수 있다고 생각할까. 이러한 생각은 남성 개개인에 대한 불신과 무관하다. 젠더(성별 제도)가 가장 오래되고 치열한, 정치의 최종 심급이라는 사실을 전제하지 않는다면 사회는 여성주의와 소통할 수 없다. 그리고 그 책임과 비난은 여성주의가 짊어진다. 남성들의 합창처럼 "남자는 여자하기 나름"이라면, 자신의 주체성은 어디 갔는가. 남성은 여성과의 관계에서 어떤 노동을 하는가.

'여성보다 남성에게 여성주의 교육이 절실하다'는 강력한 통념은 한국 남성에 대한 희망(hope)을 반영하지만 그것은 동시에 무기력(hopeless)한 발상이다. 흔히 가정 폭력으로 불리는 아내에 대한 폭력이 대표적인 증거다. 폭력 남성은 변하지 않는다. 한국 사회는 젠더를 끊임없이 탈정치화하려는 사회 시스템이 워낙 강력한 데다, 특유의 '정(情) 문화'는 남성의 변화가 가능할 것이라 기대하며 다양한 여성 노동을 요구한다. 이러한 기존 문화를 고려할 때, 최근 몇 년간 온라인을 중심으로 한 젊은 여성들의 문제 제기는 젠더 인식 변화를 보여준다는 점에서 주목할 만하다. 그들은 젠더가 뿌리 깊은 정치적 제도라는 사실을 알아차렸으며, 이전 시대 여성에 비해 남성에 대한 기대가 없다.

남성과 여성의 일상생활, 노동, 섹스, 사고방식은 다르다. 몸이 다른 것이다. 젠더 외부에 있는 남성은 거의 없다. 물론, 그렇다고 해서 남성성이 모든 남성에게 같은 방식이나 내용으로 내재한 것도, 그 과정이 자연스러운 것도 아니다. 남성이 남성성을 체화하는 과정은 당연하거나 자명하지 않다. 여성에게도 남성성이 있고 여성들도 남성성을 추구한다. 레즈비언의 삶을 살았고

한 시대 서구 문화계를 풍미했던 작가 거트루드 스타인(Gertrude Stein)[3]의 말대로, "자라서 남자가 될 것이라면, 어린 소년이라는 사실이 무슨 소용이겠는가."[4] 남성성과 남성 사이에 본질적인 관계를 가정하지 않는 것은 매우 어려운 일이지만, 이 작업이 가능하다면 젠더는 물론이고 인류의 모든 사유의 기반을 흔드는 계기가 될 것이다.

남성성은 젠더의 가장 중요한 특성이다. 가부장제 사회에서 남성성은 곧 인간성을 의미하며 어디에나 존재한다(遍在, uni/versal). 그러나 한편으로는 다른 사회적 모순과 결합하여 특정한 시공간에서 남성 권력으로 작동한다. 남성성은 맥락적이고 역사적인 요소로서 편재(偏在, partial)하기도 한다. 자본주의 사회에서 모든 문제가 계급 문제로 환원될 수 없지만 동시에 계급 문제에서 벗어날 수도 없듯이, 남성 중심 사회에서 모든 문제가 젠더 문제로 환원되지 않지만 어떤 문제도 결코 젠더의 자장(磁場)에서 자유롭지 않은 것과 같은 이치다.

이와 같은 문제의식에서 이 글의 요지는 크게 두 가지이다. 정치적 제도로서 남성성과 이에 대한 서구 중산층 여성의 경험을 기반으로 한 여성주의 이론의 역사를 검토한다. 그리고 그들의 이론으로는 설명되지 않은 한국 사회의 독자적인 남성성

---

3) 거트루드 스타인은 평생의 동반자였던 동성 연인 이름을 딴 자서전으로 유명하다. 거트루드 스타인, 《앨리스 B. 토클라스 자서전》, 권경희 옮김, 연암서가, 2016.
4) 주디스 핼버스탬, 《여성의 남성성》, 유강은 옮김, 이매진, 2015, 23쪽.

(masculinity)을 살펴본다. 서구의 남성성과 한국의 남성성은 개념, 작동 원리, 사회적 효과가 매우 다르다. 근대화는 곧 서구화를 의미했다. 서구 내부에서는 불평등이 있었지만, 국가 단위에서는 근대성-민주주의-자본주의가 '함께' 진행되었다. 서구 주도의 근대화·문명화는 비서구 사회에서 제국주의 침략을 의미했다. 게다가 한국은 미국과 소련의 이데올로기 대리전이라는 혹독한 대가를 치렀다.

제국의 남성성과 식민지 남성성은 다를 수밖에 없다. 이 글은 '남성답지 못한 남성'이 여성을 더욱 억압하는 종속적(주변적) 남성성, 식민지 남성성에 대한 시론이자 한국 남성 문화에 대한 탈식민 분석이다. 후기 식민 사회, 즉 해방 이후에도 지속된 한국 남성의 강대국 콤플렉스가 한국 현대사와 결합해 온 방식, 교직(交織, interweave) 상태, 두 사안 사이의 강력한 상호 의존은 오늘날 한국 사회를 형성한 뿌리다.

필자의 질문은 이것이다. 한국 사회에서 서구 여성주의 이론은 얼마나 제대로 자리 잡고 이해되고 있는가. 한국 여성 혹은 아시아 여성의 입장에서 가부장제의 정체는 무엇인가. 종속적 남성성에 대한 여성주의의 전략은 어떠해야 하는가. 이 질문들은 민족과 젠더라는 이중 과제가 아니라 서구와는 다른 '지금 여기'를 파악하는 이론적·실천적 작업이 될 것이다.[5]

남성성에 대한 여성주의 이론

이 장에서는 서구 여성주의 이론에서 남성성 연구의 대표적인 발전 경로를 네 가지로 분류하여 문제의식의 변화를 살펴본다. 근대 자유주의, 실존주의, 1970년대 급진주의 페미니즘, 주디스 버틀러의 행위성 이론이 그것이다.

한국 사회에서 젠더에 대한 일반적인 인식은 개인의 성 역할 (gender role)이다. 이는 남성성/여성성, 남성다움/여성다움, 조화로운 양성성, 성 역할 사회화, 성 역할 고정관념 같은 개념과 혼용되고 있다. 이때 사회적으로 바람직한 성별은 실제로는 존재하지 않는 양성성(兩性性)인데, 이는 남성성과 여성성 사이의 적절한 균형을 의미한다. 이러한 인식에서 젠더는 정치적 문제라기보다는 개인적·심리적 메커니즘으로 다루어진다. 대표적인 주장 세력은 여성주의 진영, 합리적 근대화 세력, 개인성을 강조하는 자유주의자들이다. 이들은 조화, 평등, 다양성과 전근대적 신분주의(남존여비) 극복을 대안으로 제시한다. 하지만 우리 사회에서는 이러한 주장조차 '과격한 여성주의'라고 생각하는 이들이 대다수다. 여성 이슈의 가시화와 여성의 목소리 자체를 혐오하기 때문이다.

---

5) 김은실, "조선의 식민지 지식인 나혜석의 근대성을 질문한다", 〈한국여성학〉, 제24권 2호, 2008.

성 역할 개념은 기능주의 입장에서 전체 사회가 제대로 작동하는 데 개인의 역할을 강조한다. 역할 개념에서는 사회 구조의 변화보다 적절한 사회화 과정을 통한 적응과 기여 등 개인의 책임이 중요하다. 다시 말해 여기서 젠더 개념은 성 역할=성차로서, 문제시되는 것은 사회나 젠더 자체가 아니라 성 차별적인 사회가 순기능적으로 작동하기 위한 개인의 노력이다.(우리가 흔히 접하는 젠더 담론, 즉 '현대 사회와 여성의 역할', '남북 교류에서 여성의 역할', '지역 사회 발전과 여성의 역할'과 같은 언설이 대표적이다.) '역할'이 기능주의적 표현이라면 '분업'은 이보다 좀 더 분할적, 이분법적 함의가 있다는 점이 다르다면 다를 뿐이다. 물론 이분법은 평등한 분업이 아니라 여성의 이중 노동이다. '성 역할'은 피억압자인 여성의 저항을 무마하기 위한 핵심적인 분업 시스템이다. 동시에 '성 역할'은 '성별 분업'의 완곡어법이며, '성별 분업'은 '성 착취, 성 차별'을 평등한 분업처럼 둔갑시킨 말이다.

하지만 자유주의 사상은 신분제 사회에 비해 급진적인 것이었다. 모든 인간은 법 앞에, 신 앞에, 과학이나 국가 앞에 평등하다는 근대의 자유주의 사상을 받아들인 여성들은 보편적 인권 개념을 여성에게도 적용할 것을 요구했다. 자유주의 사상은 평등을 내세우기 때문에 보편적 적용의 압력을 받지 않을 수 없었다. "여성도 인간이다.", "남성은 인간을 대표하지 않는다." 이두 가지 명제는 프랑스 혁명(1789~1794)으로부터 시작된 보편적 인권론의 성취를 요약한다. 전자는 여성(을 비롯한 타자들)도 인간의 범주에 포함해야 한다는 보편성을 향한 호소이고, 후자는 '남성＝인간' 혹은 '인간＝백인 부르주아 이성애자 남성'에 대한 문제 제기, 즉 남성을 보편적 주체에서 '땅의 절반'으로 상대화하자는 주장이다.

단두대는 여전히 중요한 상징이며 역사다. 올랭프 드 구주가 쓴 〈왕비(마리 앙투아네트)에게 헌정하는 여성 권리 선언〉(1791년)의 전문(前文)은 지금 여성 운동 의제로 상정해도 손색이 없다. "남자여, 그대는 정의로울 능력이 있는가? 이 질문을 그대에게 던지는 건 여자다. 적어도 이 권리만큼은 여자에게서 빼앗지 말아 달라." 그 유명한 제10조는 다음과 같다. "근본적인 견해까지 포함해서 누구도 자신의 견해 때문에 위협을 받아서는 안 된다. 여성은 단두대에 오를 권리가 있다. 마찬가지로 그 의사 표현이 법이 규정한 공공질서를 흐리지 않는 한, 연단에 오를 권리도 있어야 한다."[6]

근대 자유주의로서 페미니즘은 신분제 사회에 대한 저항, 인간 존중, 여성 인물의 가시화라는 측면에서 현대 페미니즘의 시작을 알렸다. 본격적인 대중 운동으로서 페미니즘은 마르크스주의와 함께 자유주의의 급진적 양 날개였다. 그러나 자유주의 사

---

6) 브누아트 그루, 《올랭프 드 구주가 있었다》, 백선희 옮김, 마음산책, 2014를 참조. 이 책은 프랑스의 저명 작가이자 페미니스트인 브누아트 그루가 쓴 올랭프 드 구주(Olympe de Gouges, 1748~1793)의 이야기다. 드 구주가 45세에 단두대에서 처형될 때까지 쓴 글을 체계적으로 모은 저작집이자 평전이다.

상은 그 자체로 '성별'과 '인간'의 개념 사이에서 갈등을 내포하고 있었다. 여성에게도 인간의 권리가 있다면, 기존의 남성 중심의 인간의 권리는 재구성될 수밖에 없기 때문이다. 이는 가부장제의 가장 큰 모순이었다. 하지만 이 딜레마는 사적 영역(private sphere)이 발명되면서 '간단히' 해결되었다. 인권과 민주주의 개념은 공적 영역에만 해당되는 것으로 보고 여성을 '가정이라는 사적 영역'에 할당하는 '공사 영역의 성별화(남성은 공적 존재, 여성은 사적 존재)'는 남성을 구원했고 혁명을 중단시켰다. 프랑스혁명의 당사자인 프랑스조차 여성 참정권은 법률상으로는 1946년이 되어서야 보장되었다.(참정권이 저절로 주어진 남한조차 1948년이다.)

인간 중심 사상으로서 자유주의는 페미니즘을 '낳은' 셈이지만, 인간은 인간이기 이전에 남성과 여성이어야 한다는 성 차별 앞에 '무릎을 꿇었다'. 이후 공적 영역에서 남녀 평등을 주장하는 자유주의 페미니즘은 여성이 남성(성)의 기준에 맞는 시민이 되는 것을 의미했고, 급진주의(radical) 페미니즘에 의해 근본적으로(radically) 비판받았다.

시몬 드 보부아르는 자신이 뛰어난 지식인임에도 불구하고 여성이라는 이유로 소외를 경험할 수밖에 없는 이유를 추적했다. 1949년 출판된 《제2의 성》은 당시 여성들의 열렬한 지지를 받으며 경이적인 판매량을 보였지만, 정작 보부아르 자신은 친구 알베르 카뮈를 비롯한 남성 동료들의 무시에 크게 상처를 받았다.

보부아르의 실존주의 페미니즘은 인간을 '인간'과 '인간의 여자'로 나누는 권력에 대한 질문, 즉 인간의 범주에 관한 인식론이었다. 보부아르는 근대의 인간 중심주의가 주체와 타자의 구분에 의해 작동하는 현실임을 간파했다. 인간 개념이 실제로는 백인 남성을 의미한다는 사실과 이들에 의해 세계가 구성되는 현실을 비판했다. 백인 중산층 남성이 아닌 여성과 흑인은 인간이 아니라 인간(the one)과는 다른 존재, 타자(the others)였다. 근대의 인간 중심주의는 중세의 신(神) 중심 세계관에 비해서는 급진적이었으나 자연과 비서구인을 배제하는 개념이었다. 보부아르는 남성만이 인간으로서 첫 번째 성이고, 여성은 제2의 성이라는 사실을 규명했다.

가부장제는 여성의 가치가 아버지, 남편, 애인 등 남성과의 관계에 의해 정해진다는 믿음을 바탕으로 삼고 있다. 남성만이 인간이고 여성은 남성의 소유, 부속, 기호가 된다. 조국 프랑스의 제국주의에 눈감기, 다른 여성에 대한 차별 등 여러 가지 문제에도 불구하고 보부아르가 현대 페미니즘의 시작임을 부인할 수 없는 이유는 이 부분을 정확히 지적했기 때문이다. 섹스와 젠더에 대한 보부아르의 입장은 레즈비언 페미니스트들에게 곧바로 비판받았다.("인간은 여자로 태어나는 것이 아니라 사람으로 태어난다. 가부장제 사회에서만 여성이라는 코드-차이가 부착된다.") 보부아르는 기본적으로 자유주의 평등론에 토대를 두고 있었기 때문에 인간은 애초에는 평등했지만 '여자로 만들어진다'고 보았다. 이는 남성 역시 마찬가지다. 남성도 "남성으로 태어나는 것이 아니라 남성으로 만들어질 뿐이다". 그들의 남성성이나 남성으로서 권리는 생래적이지 않다.

1970년대 미국을 중심으로 한 급진주의 페미니즘은 자유주의 페미니즘과 마르크스주의 페미니즘을 비판하면서 성장했다. 급진주의 페미니즘의 근본적인 문제의식은 기존의 페미니즘이 젠더를 공적 영역에 한정해서 다룬다는 것이었다. 따라서 이성애에 기반을 둔 가족 제도, 여성에 대한 폭력 등은 기존의 정치학에서는 사소한 일, 집안일, 개인적인 일로 다루어져 왔다. 실제로 여성의 교육, 경제력 등 공적 영역의 지위는 사적 영역의 지위와 일치하지 않을 뿐 아니라 오히려 반비례하는 경우도 많다. 여성 억압은 사적 영역이라 불리는 곳에서 더 광범위하게 일어난다. 흔히 선진국의 자유주의 성향 페미니스트나 인도적인 비정부기구 활동가들은 제3세계 여성의 열악한 지위가 교육과 경제력으로 개선될 수 있다고 주장하지만, 이는 자신이 속한 사회('선진국')를 제대로 사유하지 않는 타자화된 인식이다. 교육과 경제력은 수많은 조건 중의 하나일 뿐이며 그것만으로 여성에 대한 폭력이나 빈곤 문제, 물 부족, 공중 보건 같은 일상의 고통이 해결되지는 않는다.[7]

---

7) 이는 더 '본질적인' 전 지구적 정치경제학의 문제이다. 클라이브 폰팅, 《녹색세계사》, 이진아 옮김, 그물코, 2003. & 리처드 로빈스 지음, 《세계문제와 자본주의 문화》, 김병순 옮김, 돌베개, 2014를 참조.

사적 영역이라고 불리는 가정 안의 불평등과 섹슈얼리티 억압이 주요 정치적 의제로 상정되지 않는 한, 여성은 사회적 지위가 높으면 높아서 낮으면 낮아서 차별받는다. 강간과 구타는 여성에게 일상적인 위협이며 폭력이다. 급진주의 페미니즘의 가장 큰 공헌은 인간의 언어가 시작된 이래 최초로 사적 영역을 정치화했다는 점이다. "사적인 것이 정치적인 것이다(the personal is the political)."라는 주장이 그것이다. 이들은 대개 1960년대 미국의 시민권 운동, 반전 운동에 헌신했던 마르크스주의자들이었다. 그러나 급진주의 페미니즘은 마르크스주의 이론 자체, 그리고 좌파 남성들의 인종 차별과 성 차별을 비판하고, 페미니즘에서 섹슈얼리티 개념은 마르크스주의에서 노동 개념과 같은 지위를 차지한다고 보았다. 여성과 남성의 관계는 노동자와 자본가의 관계와 같으며, 여성은 억압받는 계급(sex class)이라는 것이다. 이들의 통찰은 한국 사회 진보 진영의 '멈추지 않는' 성폭력, 성 차별과 정확히 일치한다.

급진주의 여성주의자들에게 남성은 (국가나 자본보다) '주적(main enemy)'이었고, 젠더는 가장 중요한 사회적 모순이었다. 이후 급진주의 페미니즘은 본질론, 환원주의라는 혐의와 여성들의 차이를 간과한다는 비판을 받았지만 남성성에 대한 가장 발본적(拔本的)인 사유였음은 부정할 수 없다. 급진주의 페미니즘은 여성을 일상적으로 강력하게 통제하는 여성에 대한 폭력, 여성 살해(femi/cide), '군 위안부 문제' 등 전쟁에서 일어나는 성폭력, 제노사이드 상황에서 대량 강간, 페미니스트 국제정치학, 몸 이론, 재현(포르노그래피), 여성의 몸을 대상화했던 의학의 재해석에 크게 기여하였다. 일상의 정치를 급진주의 페미니즘만큼 사유한 정치 사조는 없었다.

젠더에 대한 주디스 버틀러의 주장은 페미니즘 이론에 새로운 전환점을 가져왔다. 그는 젠더에 대한 그간의 모든 이분법적 딜레마에 탈출구를 제시했다. 정상과 비정상, 보편과 특수, 이성애와 동성애, 남성과 여성 등 수많은 이항 대립적 사유를 넘어선 그의 이론은 페미니즘뿐 아니라 현대 철학 전반에 분수령이 되었다. 버틀러는 젠더가 남성과 여성이라는 '구체적인 실재'로부터 발생한다고 생각하지 않았다. 남성(성)과 여성(성)은 존재가 아니라 반복적 수행을 거쳐 구성되는 사회적 규범(norm)이자 임의적 범주(category)라는 것이다.

여성 혹은 남성이라는 정체성(identity)은 동일성이 아니라 동일시(視) 욕망이다. 남성성이 작동하는 원리는 남성이어서가 아니라 그 사회의 기존 담론에 따른 인용, 패러디, 재현, 행위(doing)의 문제라는 것이다. 쉽게 말해, 한국인이 한국 말을 잘하는 것은 그가 한국인이어서가 아니라 매일 한국어를 사용하기(performing) 때문이다. 따라서 애초에 남성이든 여성이든 한국인이든 실체는 없다. 행위가 있을 뿐이다. 니체의 유명한 말, "행위 뒤에 행위자는 없다."를 버틀러만큼 적실하게 사용한 철학자는 없을 것이다. 행위는 행위자의 속성이 아니며 행위 자체로서 변형(해석)될 때 젠더의 해체도 가능하다. 버틀러의 주장은 '언어적 실천'이라는 패러다임을 확고하게 제시했다. 이론과 실천 운동의 뿌리 깊은 분리와 위계를 해소한 것이다.

남성성에 대한 기존 페미니즘의 입장을 요약하면, '여성의 삶에 대한 남성의 언어'라고 할 수 있다. '남성들 간의 차이'보다 '여성들 간의 차이'가 더 논쟁적인 이유는 여성은 개인으로 태어났으나 가부장제 사회가 여성을 성 역할이라는 규범과 노동을 강제함으로써 여성을 하나의 집단으로 동일하게 만들었기 때문이다. 즉 남성은 개인으로 간주되지만 여성은 타자로서 집단으로 여겨진다. 남성의 잘못은 개인의 잘못이지만 여성의 잘못은 '여자 전체를 욕 먹이는 일'이 되는 것도 이 때문이다.

남성은 보편적 주체로서 인류, 인간성, 국가를 대표한다. 남성성과 여성성의 비대칭성의 본질은, 남성성은 남성이 정하지만 (바람직한) 여성성의 내용은 여성이 아니라 남성 사회가 정하는 데서 시작한다. 차이, 배제와 포함, 포함되고자 하는 욕망, 배제의 권력……. 이 모든 문제는 철학과 정치학의 기본 테제이다. 여성은 끊임없이 인간의 범주에서 "배제되지 않기 위해 포함되기를 거부하는"[8] 협상의 일상을 살아가야 한다.

'태초에' 인간의 언어적 인식은 가장 먼저 보이는 사물, 자신

---

8) 한채윤, "엮어서 다시 생각하기 : 동성애, 성매매, 에이즈", 한채윤 엮음, 《성의 정치, 성의 권리》, 자음과모음, 2012, 188쪽.

의 몸에서부터 시작될 수밖에 없었다. 물론 그 몸은 '정상적인 남성'의 몸이다. 몸의 정상성은 특히 근대 초기에 이르러 강조되었다. 정상성을 강조하기 위해서 유럽에서는 '괴물 전시' 같은 프릭 쇼(freak show)가 유행했는데, 이는 이성적(理性的) 근대 남성 기획과 밀접히 연결되어 있다. 식민주의, 인종주의가 등장하면서 근대 자본주의의 '주인공'을 만들어내야 했던 것이다.[9] 이처럼 성별은 모든 인식의 출발점이며 대부분의 언어는 몸의 은유(body metaphor)에서 자유로울 수 없다.

따라서 남성이 언어를 만들었다는 의미는 곧 언어의 성 차별을 뜻한다. 주체/타자, 강한/약한, 질서/무정부, 전쟁/평화와 같이 성별은 거의 모든 언어 유형과 연결되어 작동한다. 물론 이러한 대립항들은 현실도 아니고 사실도 아니다. 언어는 남성이 자신을 정의하기 위한 것이다. 남성을 중심으로 한 차이(자신 이외의 것들)를 배타적으로 구성하는 것이다. 첫 번째 언어인 남성적인 것은 두 번째 언어인 여성적인 것의 기원이자 우월하고 특권적인 의미로 통용된다.

젠더 이분법은 젠더를 조직하는 기준은 남성성인데, 마치 남성과 여성 집단 내부가 각각 균질적이고 독자적인 대립항인 것처럼 인식하게 하여 성 차별을 차별이 아닌 대칭으로 만든다. 젠

---

9) 루인, "괴물을 발명하라 : 프릭, 퀴어, 트랜스젠더, 화학적 거세 그리고 의료 규범", 한채윤 엮음, 《성의 정치, 성의 권리》, 자음과모음, 2012, 59쪽.

더 이데올로기와 젠더 현실이 일치하지 않는 것은 이 때문이다. 즉 젠더는 대칭적이라고 선전되지만(최근의 '남혐', '여혐'이 대표적이다)[10], 실제로는 차별적으로 작동하기 때문에 여성의 입장에서는 억압이나 모욕의 현장에서 이 모순을 언어화하기 어렵다. 여성의 언어가 필요한 이유가 바로 이것이다.

말할 것도 없이 남성다움, 여성다움이라고 생각하는 인간 속성('합리적인', '감성적인'……)은 동일한 형태로 존재하지 않으며, 성별을 불문하고 그것을 실현하는 것은 불가능하다. 우리는 남성다움/여성다움이라는 표현을 수시로 사용하지만, 그런 현실은 없다. 실재냐 부재냐의 문제가 아니라 유동적이고 임의적이라는 의미다. 가장 일상적인 화장실 사용 문제를 보자. 장애인과 트랜스젠더의 화장실 사용권 문제는 남성다움과 여성다움이 얼마나 인권 개념과 모순되고 충돌하는지를 보여주는 극명한 사례다.[11] 여성주의는 남성다움과 여성다움의 위계와 차별을 주로 비판하지만 이는 비장애인, 성인, 이성애자에게만 적용되는 특권적인 개념이기도 하다. 장애인이나 노인에게 성별성은 정상성을 향한 욕망일 수 있다. 최근에는 분리 설치된 경우가 많지만

10) 정희진, "여성주의는 양성평등일까?", 정희진 엮음, 권김현영, 루인, 류진희, 정희진, 한채윤 지음, 《양성평등에 반대한다》, 교양인, 2017.
11) 준우, "트랜스젠더 화장실 사용권의 의미 : 미국 내 법제화 논쟁을 중심으로", 〈조각보자기〉, vol. 1, 2016 겨울, 트랜스젠더인권단체 조각보, 8~16쪽. transgender.or.kr

몇 년 전까지만 해도 장애인 화장실은 남녀 공용이 많았다. 이는 성별 구분을 전제로 하는 사회에서 장애인은 성별이 구분되지 않는 '인간에 미달하는 존재'라는 의미이다. 한편, 화장실 남녀 분리 사용은 트랜스젠더에게는 인권 침해지만, 비(非)트랜스젠더 여성에게는 트랜스남성의 여성 화장실 사용이 위협적으로 느껴지거나 최소한 불편할 수 있다.

패권적 남성성

여성주의를 포함하여 기존 지식 체계에서 여성들 간의 차이는 젠더 문제로 다뤄져 왔지만, 남성들 간의 차이는 남성이 성별을 초월한 존재라는 성 차별 의식 때문에 젠더 문제로 여겨지지 않았다. 오랜 세월 동안 권력을 생산하는 차이, 사회적 경계를 구획하는 권력은 남성에게 있었기 때문에[12] 남성성 연구가 활발해지기 전까지 남성은 젠더와 무관한 성 중립적 존재로 인식되었다.

역사적 시공간에 따라 그 사회를 주도하는 남성성의 특성은 다르다. 한 사회가 지향하는 '대세' 남성성이 있다. 이를 패권적(hegemonic) 남성성이라고 한다. 서구에서 각 시대마다 각각 다르게 나타나는 남성성들을 살펴보는 작업은, 남성성이 본질적인

---

12) Harry Brod & Michael Kaufman(Edt), *Theorizing Masculinities*, SagePublications, 1994.

인간의 특징도 아니며, 더구나 남성의 특징도 아니라는 것을 깨닫게 해준다. 남성성은 여성성에 비해 정의하기 어렵다. '인간=남성'을 의미하는 가부장제 사회에서 남성성과 인간성을 구별하기 어렵기 때문이다. 이 문제는 바로 남성성 연구의 어려움이기도 하다. 일부 여성주의자들을 포함해서 많은 이들이 남성은 보편, 여성은 특수라는 인식에서 '젠더=여성'이라고 생각한다. 젠더는 여성 문제이고, 여성 문제만 젠더라는 것이다.

일반적으로 서구에서 패권적 남성성의 역사를 추적하는 문헌들은 네 가지 유형의 이상적 남성성이 있다고 본다. 이것들은 유럽의 문화와 역사에서 각기 다른 시대의 유산이며 서양사를 이해하는 핵심 키워드이다.[13] 그리스 시민/전사 모델, 가부장적 유대 기독교 모델, 영주/후원자 모델, 프로테스탄트 부르주아 이성주의 모델이 그것이다.

물론 이는 유형화일 뿐이고 시대적 연속선상에서 작동하기 때문에 완전히 구별되지는 않는다. 예를 들어 영주/후원자 모델은 유대 기독교 모델에 빚지고 있고, 부르주아 이성주의 모델은 그리스 시민/전사와 유대 기독교 모델이 혼합되어 확장된 것

---

13) Charlotte Hooper, *Manly States : Masculinities, International Relations, and Gender Politics*, New York : Columbia University Press, 2001. & R. W. 코넬, 《남성성/들》, 현민 옮김, 이매진, 2013. & Judith Kegan Gardiner(Edt), *Masculinity Studies and Feminist Theory : New Directions*, New York : Columbia University Press, 2002.

이다. 그리스 모델은 군사주의와 이성주의가 결합되어 남성다움(manliness)과 시민권을 동일한 것으로 인식하는 시초가 되었다. 반면 유대 기독교 모델에서 이상적인 남성다움은 책임감, 소유권, 아버지로서 권위 등 가정화된(domestic) 이상을 강조했다. 영주/후원자 모델은 귀족적 이상, 군사적 영웅주의, 높은 위험을 감수하는(결투를 남성성의 시험으로 생각하는 등) 특성과 연결되어 있다. 부르주아 이성주의 모델은 자본주의 사회의 남성성과 가장 가깝다. 경쟁적 개인주의, 이성, 자기 통제, 극기와 자제력, 자기 초월(self-denial), 공적 생활에서 몸에 밴 책임감 강한 생계 부양자로서 가장을 의미한다.

패권적, 지배적 남성성들은 역사적으로 흥망성쇠를 거듭해 왔다. 군사적 남성성은 그리스와 로마 시대에 흥했다가 중세에 그 지위를 잃었다. 교황의 '가정적' 지배 아래 유럽에서 국가의 권위는 교회에 종속되었고 권력은 사제의 손에 있었다. 중세 시대 주류 남성성은 농업적이거나 유대 기독교적 성격이 결합한 청빈한 수도자적 경향을 띠었다. 중세 시대에 군인은 좌천된 계급이었다. 남성 정체성의 중심으로서 병역의 부활은 도시국가와 이후 국민국가의 탄생과 관련되어 있다. 근대에 이르러 국가 안보 영역에서 현실주의, 자유주의, 마르크스주의 모델이 주도적인 남성성이 되었다. 이들은 각기 정치·경제적, 역사적 기반이 다르며, 여성과 맺는 관계도 다르다. 현실주의 남성성 모델은 엘리트 백인 남성을 중심으로 한 영예로운 남성 전사의 이상이 국가의 행위에 투사된 것이다. 물론 현실주의 내부에도 상이하고 모순된 패권적 남성성이 있다. 마키아벨리는 그리스 전사/시민의 원형을 근대에 맞게 수정했고, 홉스는 가부장 모델을 새로 등장한 부르주아-합리주의, 개인주의와 접목했다. 이 부분은 토머스 홉스 사상의 여성주의적 재해석 가능성을 보여주기도 한다. 홉스는 가부장제를 당연한 것이 아니라 역사의 산물로 보았다. 따라서 홉스가 주장한 개인주의는 여성주의를 발아시킬 수 있는 사유가 된다.

자유주의 모델은 다른 유형에 비해 여성에게 덜 공격적이며 평등주의적이고 민주적이다. 이들은 가족 부양자 및 가장의 인품과 공적 생활에서 훈련된 합리성을 결합하면서 경쟁적 개인주의, 이성, 자기 통제를 이상화한다. 이 모델에서는 우수한 지성과 개인적 성실성이 체력이나 용감무쌍함보다 높이 평가된다. 합리주의 남성성 모델과 여성, 여성주의의 관계는 전사-가장 또는 가부장의 경우보다 더 미묘하고 복잡하다. 이 모델을 주장한 철학자들은 여성의 권리를 앞장서서 옹호했고, 페미니즘 역시 자유주의 사상에서 출발했기 때문이다.

마르크스주의 모델 역시 근대 남성성의 중요한 토대이다. 20세기 '극단의 역사'는 마르크스주의와 군사주의와 여성주의(평화주의)의 상호 연관성 없이는 분석될 수 없다. 군비 증강은 자본주의에서만 필수적인 것이 아니었으며, 소련과 동유럽은 마르크스주의가 예견한 자본주의의 발전 경로가 아니라, 양차 세계대 전의 결과로 공산주의가 되었다. 논쟁이 아니라 무기가, 프롤레타리아트가 아니라 군대가, 현실 사회주의가 승리할 수 있는 토대였다.[14]

어느 시대나 지배적 남성성의 핵심 요소는 앞 시대의 남성성과 겹치거나 재구성되고 재결합된 인용의 결과들이다. 남성 권력은 남성성을 '가진 것'이 아니라 현실을 진단하고 정의를 내리며 경계를 만드는 힘(boundary setting)을 의미한다. 각각의 남성성들은 상호 배반하거나 불일치하고 양립하지 못하는 것들이 모순적인 짝을 이룬다. 여기서 중요한 사실은 남성성의 변화나 대체가 남성 권력의 쇠퇴나 변질은 아니라는 점이다. 어느 시대에나 출몰하는 '남성의 위기' 담론은 바로 이러한 다양한 남성성 중 하나가 다른 남성성으로 교체될 때 나타나는 남성 문화의 반응인데, 젠더 이분법에서는 이를 '여성 지위 향상'으로 이해하게 만든다. 다시 말해, 생산 양식의 변화에 따른 남성 내부의 차이로 '대세' 남성성의 이미지가 바뀐 것인데, 남성 사회는 이를 '여성 상위'라고 주장한다. 몇 년 전 한국 사회에서 벌어진 '초식남'이나 '메트로 섹슈얼' 논쟁이 대표적이다. 이를 남성의 여성화이자 근육질 남성의 몰락으로 보고 '바람직한 현상'이라고 말하는 페미니스트도 있지만,[15] 초식남이나 메트로 섹슈얼은 젠더 이슈라기보다는 계급에 따른 남성성의 분화로 보아야 할 것이다.

---

14) 울리히 벡, 《적이 사라진 민주주의》, 정일준 옮김, 새물결, 2000.

주변적 남성성

세상은 평등하지 않다. 가난한 남성, 동성애자 남성, 장애인 남성, 학력이 낮은 남성, 1970년대 한국에서 병역 의무를 마치지 못한 남성의 남성성은 지배적 남성성의 위계 아래에 있다. 이러한 남성성을 종속적(subordinated) 남성성이라고 부른다. 그러나 이 글은 이론적, 현실적 정확성을 위해 소제목에 '종속적' 대신 '주변적 남성성'이라고 표현했다. 한글 번역의 의미로는 '종속적'이 '지배적'의 반대어가 맞지만, 실제로 그들의 남성성은 그다지 '종속적이지 않다'. 주변적 남성성은 상대방이 누구인가에 따라(지배 남성인가, 여성인가) 혹은 피지배 계급의 남성으로서 어떤 자원을 동원할 수 있느냐에 따라 더욱 더 강한 남성성으로도 표출되기 때문이다. 즉 일반적으로 사용되는 종속이라는 표현은 오해의 소지와 함께 복잡한 젠더 상황을 드러내는 데 한계가 있다. 낮은 계급 남성의 남성성과 지배 계급 남성의 남성성은 나이, 인종, 학력에 따라 다르게 작용한다. 남성들 간의 문화, 특히 여성을 둘러싼 일상생활의 영향력에서는 오히려 주변적 남성성이 더 강력하게 작동하는 경우가 많다. 주변적 남성성은 남성

---

15) 중앙대 여성학과 이나영 교수는 "전통적으로 우리나라는 공격적이면서 책임감 있는 남자가 능력 있는 남자로 통했다"면서 "여성 공감 지수가 높은 남성의 등장은 여성성과 남성성이라는 이분법적 구분이 허물어졌다는 점에서 긍정적"이라고 말했다. 〈한겨레 21〉, "'잠'만 자는 신인류, 초식남", 759호, 2009.

계급 내부의 정치·경제적 약자의 남성성을 지칭하지만, 결코 그 자체로 약하지 않다. 주변적 남성성은 남성 문화 안에서는 중심을 지향하거나 비굴하고 의존적인 태도를 보이지만, 여성에게는 더 폭력적이고 강한 남성성을 보이는 경우가 많다. 어떤 면에서 주변적 남성성은 '전복적인' 남성성이다. 이들의 '주변성 지향'은 남성성의 확장이지, 사회적 약자와의 연대가 아니다.

물론, 주변적 남성성과 지배적 남성성의 경계는 상황에 따라 상대적이다. '소령과 병장', '병장과 이등병'의 관계에서 병장의 위치는 달라진다. 이 둘은 대칭을 이루지도 않고, 반드시 전자가 승리하는 것도 아니다. 각각의 남성성은 각자의 자원이 있다. 지배적 남성성의 자원이 사법 권력, 지식, 자본 등 주로 구조적이고 합법적이며 대중이 욕망하는 일반적인 권력이라면, 주변적 남성성의 특징은 직접적 폭력이나 협박, 치킨 게임과 같은 '대로 상에 드러눕기', 낭만화된 하위 문화, 여성의 모성과 연민을 자극하는 '자작극' 등이 있다.

남성다움의 환상과 실제의 차이는 근대 자본주의 사회에 들어서면서 두드러졌다. 신분제 사회에서 계급 사회로 변화와 개인주의의 출현은 사실 모순되는 것이었다. 남성은 '개인', '대중', '민중', '국민' 담론을 통해 평등해졌지만 계급 문제가 사라진 것은 아니다. 특히 최근 20~30여 년간 지구 자본주의의 변화(동구권의 변동, 미디어의 발달……)는 전통적인 남녀, 노동자와 자본가 간의 차이보다 지역 간, 국가 간, 남남(男男) 간, 여여(女女) 간의 격차를 더욱 심화했다. 특히 다양한 미디어의 출현과 전 지구화는 '실제 남성'과 '남성다움'에 관한 인식의 혼란과 모순을 가중시켰다.(한류 드라마에 나오는 한국 남성은 우리가 경험한 그 남성들인가?)

이론상의 남성다움은 백인 중산층 남성의 경험을 중심으로 구성된 패권적 남성성, '바람직한' 남성성이다. 기존 영미권 중심 여성학 이론에서 남성성 개념의 형성은 정상적인 국민국가(제국주의) 성립 이후에 진행된 것이다. 산업 자본주의 시대의 조직 원리였던 백인 중산층 가족의 성별 분업에 기반을 둔 생계 부양자-보호자 남성 모델을 일반화한 것이지, 실제로 그런 남성은 없다. 모든 남성이 생계 부양자일 수 없으며 여성과 국가를 보호하는 역할을 수행하지도 않는다. '남성 생계 부양자' 이데올로기는 남성의 특권을 당연시하는 노동 시장 구조를 합리화하기 위한 것이지 '의무'가 아니다. 모든 남성이 그 의무를 다할 수도 없고, 그런 책임감을 갖고 있지도 않다.

계급, 국적, 인종 같은 남성들 간의 차이는 바로 사회 계층의 차이다. 가부장제 사회에서 여성은 개인이 아니라 가족 내 성원으로서 위치가 더 우선시된다. 개인으로서 인권보다 성 역할이 더 강조된다. 하지만 남성은 가장이자 개인으로 재현되고, 여성은 결혼한 남성의 계급에 종속된다. 계급 이론에서 '계급'은 남성들 간의 이슈일 뿐이다. 가부장제 사회에서 남성성은 여성성에 비해 우월한 가치로 여겨지기 때문에 여성들은 남성이 기사도 정신(보호자), 신사다움, 합리성, 지성, 경제력이 있을 것이라고 기대한다. 사실, 이것이 모든 이성애의 비극이기도 한데 이러한 조건을 갖춘 '좋은 남성'은 드물다. 실제 여성들이 경험하는 대부분의 남성들은 '치사하고, 폭력적이고, 무섭고, 협박을 일삼으며, 비열하고, 쪼잔하고, 소심하고, 무능력하며, 게으르고, 더럽고, 안 씻는' 경우가 많다.

폴 윌리스의 백인 남성 노동자 계급 연구는 피지배 계급의 남성성이 어떻게 계급 구조를 영속시키는가를 정확히 지적한다.[16] 이 책이 고전인 이유는 낮은 계급의 남성이 좌파의 기대와는 정반대로, 언제나 사회의 보수화에 결정적 역할을 하는 이유를 실증했기 때문이다. 당대 트럼프의 등장과 브렉시트 현상은 이들의 남성성을 이해하지 않고는 설명할 수 없다. 폴 윌리스는 이들이 계층 이동이 불가능한 사회 구조를 비판하기보다, 남성 당사자들이 어떻게 스스로를 재생산하고 자신에게 '불리한' 선택을 하는지, 그것을 가능케 하는 문화는 무엇인지를 질문한다.

학교는 평등한 기회를 보장하는 장치가 아니라 불평등을 심화하는 제도가 되었다. 노동 계급을 부모로 둔 남학생들은 권위에 반항하고 남성 문화를 숭배하면서 성장해 간다. 남자 아이들은 자신이 솔직하고 직선적이며 성욕에 관해 아주 잘 알고 있는 것을 타고난 우월성의 징표로 삼는다. 이들에게 공부를 열심히

16) 폴 윌리스, 《학교와 계급 재생산-반학교 문화, 일상, 저항》, 김찬호·김영훈 옮김, 이매진, 2004.

하는 것은 체제 순응적인 '계집애들' 문화다. 남자 아이들은 당장의 남성성 획득을 위해 미래를 포기한다. 백인/남성/노동자는 계급적 타자인 자신의 위치를 사회 변화를 위한 분노로 승화하기보다 지배 계급 남성과 동일시하는 근거로 삼는다. 자신이 '비록' 노동자이긴 하지만, 인종적으로는 백인이고 성별로는 남자라는 것이다. 이들은 계급적 열등감을 이주민과 여성 노동자를 향한 배타성, 우월 의식으로 보상받고자 한다.

인종과 젠더는 서구 사회의 남성성이 실현되고 드러나는 주된 원리이다. 백인 남성 노동자는 여성과 유색 인종을 비하하고 추방하는 데 앞장선다. 중산층 여성은 가난하고 열등감 많은 남성보다 문화 자본, 경제력, 유머를 갖춘 남성을 좋아한다. 노동자 남성은 지배 계급에게 저항하는 대신 여성에게 화풀이를 한다. 인종과 젠더는 서로를 보완한다. 백인 아내는 성공한 흑인 남성의 상징이다(이를 '트로피 와이프'라고 한다).

권김현영은 한국의 '넷페미(인터넷 페미니스트)' 연구에서 폴 코리건을 인용해서 다음과 같이 분석한다. 1970년대 중반 영국에서 계급 이동이 좌절된 하층 계급 남성 노동자들의 하위 문화 중 하나가 '아무것도 안 하기(doing nothing)'이다. 그들은 왜 계급 상승을 위해 애쓰지 않을까. 그들은 왜 아까운 시간을 죽이고 있을까. 그들은 왜 공부도 하지 않고 노동도 하지 않고, 뭔가 재미를 추구하려 하지 않고 그냥 길거리에 앉아서 우유 갑이나 던지면서 아무런 의미 없는 소리를 지르거나 대화도 아닌 서로

의 소음을 견뎌 가면서 친구가 됐다고 생각하는 것일까. '아무것
도 안 하기'는 '강하지만 강하지 않은 것처럼 행동하기'로서 일
종의 남성 되기 전략이다. "나는 진짜 쓰레기이고 난 아무것도
아니야." 이렇게 말하면서 고개를 구부정하게 구부리고 눈도 마
주치지 않고 자기가 루저라는 걸 사람들에게 보여주지만, 사실
마음속으론 자기는 굉장히 다른 걸 가지고 있는 사람이라고 생
각한다는 것이다.

이와 비슷한 맥락에서 일본 사회의 NEET족(Not in Education,
Employment or Training)과 '탈력(脫力) 문화'가 있다. 전자는 교
육, 취업, 노동 훈련을 거부하는 자발적 루저들이다. 스스로 하
류 문화를 지향하고 공부나 노동을 하지 않는 것을 당당하게 여
긴다. 탈력 문화는 말 그대로, 온몸에서 힘을 빼고 산다는 의미
다. 조금이라도 힘이 들어가는 일은 하지 않는다. 노동은 물론이
고 섹스, 연애, 놀이, 관계 맺기 등 인생에서 조금이라도 신경을
써야 하는 일은 하지 않는다. 그야말로 '숨 쉬는' 일 외에는 하지
않으면서 최소한의 삶을 사는 것이다.[17] 이들은 조용하고 우울
하며 '피해자 코스프레'에 능하다.

그렇다면 그 '잘난 남성'들은 다 어디로 갔는가. '백마 탄 남
성'[18], 페라리를 몰고 다니는 예의 바른 남성은 실제로는 얼마나

---

17) 후루이치 노리토시, 《절망의 나라의 행복한 젊은이들》, 이언숙 옮김, 민음사,
2015 & 우치다 타츠루, 《하류지향 – 배움을 홍정하는 아이들, 일에서 도피하는 청년
들 성장 거부 세대에 대한 사회학적 통찰》, 김경옥 옮김, 민들레, 2013 참조.

되는가. 아무리 이미지가 모든 것을 삼킨다지만, 대중 매체에서 재현되는 그 많은 '실장님', '팀장님'은 어디에 있는가. 결국 여성들은 '괜찮은 남자'가 없다는 사실을 깨달았다. 지금 한국 사회의 여성들은 이러한 깨달음을 즉각 실천에 옮기고 있다. 우리나라 여성의 실천인 만혼, 비혼, 저출산의 비율과 증가 속도는 세계 최고 수준이다.

이것은 개인 남성의 잘못인가? 아니면, 가부장제 사회에서 강한 남성은 '조작된 이미지'이므로 남성도 피해자일까? 요점은 피해자냐 피해자가 아니냐가 아니다. 남성들은 계급과 상관없이 자신의 문제점에 대한 변명과 해결의 논리가 있다. 괴로운 일상의 원인은 자신보다 지위가 높은 남성 때문인데, 여성들에게 문제를 전가한다. 개인적으로 문제가 생길 때는 남성 연대를 활용한다. 남성에게는 집단의 성원으로서, 모든 차이를 초월한 남성 연대라는 가장 강력한 힘의 역사가 있다. 이성애가 남성 연대를 이길 수 있다면 가부장제 사회가 아닐 것이다. 남성 가장들은 아내의 월급보다 남성 동료의 월급이 많기를 바란다. 성폭력 피해자가 자기 가족이라 할지라도 숨기거나, 가해자 편에 서거나, 피해자를 대신하여 합의금을 챙긴다. 남성은 상황에 따라 자신을 개인으로 혹은 그 반대로 남성 집단의 성원으로 정체화한다.

---

18) 일부(?) 한국 남성들에게 '백마'를 탄다는 의미는 백인 여성과 하는 섹스를 의미한다.

젠더 갈등이 생길 때 "여성들의 말이 맞지만, 나는 아니다."라며 잠재적 가해자 취급을 한다고 분노한다.

남성은 정체성이 아니라 포지션이다. 모든 남성은 직접적인 성 차별의 수혜자(최소한 평생 성폭력의 공포에 시달리거나, 임금의 절반만 받지 않는다)이자, 잠재적인 가해자의 위치에 있다. 그것은 남성 개인의 품성이나 가치관이나 성찰과 무관하다. 백인이면서 인종 차별 반대 운동가가 있지만, 그가 백인이 아닌 것은 아니다. 그리고 성찰하는 백인이라면, "인종 차별을 하는 백인들이 많지만, 나는 아니다."라고 주장하지 않는다. 남성은 자신도 남성성의 피해자라고 주장하지만, 그리고 그러한 주장은 어느 정도 일리가 있지만, 스스로 남성 문화를 바꾸는 사회 운동에 참여하는 이들은 서구의 경우 극소수이고 한국에는 없다.

식민지 남성성

남성성을 이론화했던 초기 페미니스트 이론가인 낸시 초도로, 도로시 디너스테인, 제인 플랙스, 캐서린 매키넌, 안드레아 드워킨, 신시아 인로, 안 티크너 같은 서구 페미니스트들의 입장에서, 자국 남성은 "전 지구를 돌아다니는 제국주의 침략자들"이었다. 따라서 이들은 기존의 정신분석학, 국제정치학을 여성주의 시각으로 재해석하여, 대표적인 남성성의 특징으로 간주되는 독립성, 자율성과 주권, 군사주의, 근대 국가의 신화를 비판했다.

그러나 침략당한 국가 입장에서는 서구 페미니스트가 비판한 개념(독립, 자율성 등)은 오히려 회복하고 쟁취하고 되찾아야 할, 건국의 중요 과제가 된다. 이러한 과정에서 비서구 여성들의 입장은 서구 여성들과도, 자국 남성과도 같지 않다. '제3세계 여성주의자'들의 의제는 복잡하고 어려울 수밖에 없다. 여성에겐 언어가 없다. 흔히 제3세계 페미니즘 이론가로 알려진 가야트리 스피박, 찬드라 모한티, 글로리아 안잘두아[19] 같은 탈식민 페미니스트들은 자국이 아닌 미국 사회에서 자신이 겪는 차별에 대해서 썼다. 그들의 작업은 한국의 페미니스트들처럼 자국 사회에서 이론을 생산한 것이 아니다. 그들의 청중은 파키스탄이나 인도나 멕시코 사람이 아니라 영어권의 전 세계인이다. 우리에게 그들은 또 하나의 서구 이론가일 뿐이다.

식민 지배를 경험한 한국 사회에서 남성과 함께 살아가야 하는 여성들에게 식민지 남성성은 여성주의의 가장 큰 논쟁거리이자 이론과 실천의 어려움을 안긴다. 한국 남성들은 해방 후 '친일 청산과 대미 사대주의 극복'을 제일 과제로 삼았지만, 그 방법론을 둘러싸고 정치적 갈등을 빚게 된다. 식민지 근대화론과 내재적 발전론, 민족해방론과 민중해방(NL 대 PD), 보수와 진보의 진영 논리가 그것이다. 그러나 남성 세력 간의 투쟁과 세력 교

19) 글로리아 안잘두아는 에스파냐어로도 글을 쓴다. 대표작 *Borderlands/La Frontera* : *The New Mestiza*, Gloria Anzaldua, AuntLuteBooks, 1999은 널리 알려져 있다.

체(정권 교체) 자체가 한국 사회의 정치적 전선을 독점하면서, 한국의 페미니즘은 독자적 정치학으로서 설 자리를 잃게 되었다.

젠더는 모든 권력 관계의 모델이다. 특히 국제정치학은 논리 자체가 젠더 은유로 구성되어 있기 때문에 흔히 강대국은 남성으로, 약소국은 여성으로 재현된다. 한국의 오랜 외세 콤플렉스는 실제 침략당한 경험과 주변 강대국(미·일·중·러)과의 관계에서 생성된 것이다. 한국 남성은 '여성'으로 간주되거나 스스로 '여성'임을 자처했다. 자신은 영원한 식민지 피해자라는 것이다. 한 사회의 주된 남성 문화를 '식민지 남성성'으로 명명하기 위한 전제는 다음과 같다.[20]

1) 남성은 보편적 주체로서 자신을 국가나 민족과 동일시한다.

2) 자신의 성별 정체성을 국내 여성과의 관계에서 구성하기보다는 외세와의 관계에서 파악한다. 이때 자신은 강대국에 비해서 약자이므로 '여성'으로 정체화한다.

3) 하지만 자신은 '본질적'으로 남성이므로 강자에 저항하거나 강대국을 '이용'해야 하는 중대한 업무를 띠는데, 이때 자기 옆의 여성들이 자신과 뜻을 함께하지 않고 평등을 외치는 것은 반민족, 반국가적 행위라고 생각한다.

4) 여성 해방은 계급 해방이나 민족 해방 이후의 과제이다.

5) 이때 여성의 역할은 강자와의 투쟁에 바쁜 자신을 대리하여 생계를 책임지고, 자녀를 바르게 양육하고, 자신의 성적 욕구를 해결해

주는 것이다. 즉 여성은 성 역할에 충실해야 한다. 그것이 대의이다.

6) 동시에 자신이 지쳤을 때는 언제나 위로와 지지와 격려를 해주는 정치적 '동지'여야 한다.

7) 자원이 부족할 때는 자국 여성에게 적의 '성적 노리개'가 되어먹을 것을 얻어 오라고 강요한다. 이때 우울해하거나(대표적으로 이상, 〈날개〉), 자존심이 상해 여자를 도리어 두들겨 패거나 여성을 혐오한다. 환향녀(화냥년)라는 낙인을 찍어 공동체에서 매장한다(안정효, 〈은마는 오지 않는다〉) 혹은 중산층 여성에 대한 적대감으로 피해 여성을 진정한 민중으로 숭배하거나(김기덕, 〈해안선〉) 분노로 인

---

20) 한국의 식민지 남성성은 필자가 개인적인 사회 운동 참여 경험과 아래 문헌을 참고하여 개념화한 것이다.
- 정희진, "탈식민주의 관점에서 보는 '5.18의 반미'", 《5.18 민중항쟁에 대한 새로운 성찰적 시선》, 조희연 · 정호기 엮음, 한울, 2009.
―――, "민주공화국은 뻔뻔한 사람이 없는 사회", 《대한민국은 민주공화국인가》, 경향신문 창간 70주년 특별취재팀, 책세상, 2017.
- 도미야마 이치로, 《전장의 기억》, 임성모 옮김, 이산, 2003.
- 프란츠 파농, 《검은 피부 하얀 가면》, 이석호 옮김, 인간사랑, 1998.
- 최정무, "경이로운 식민주의와 매혹된 관객들", 현실문화연구 엮음, 《삐라에서 문화 읽기 사이버 문화까지》, 현실문화연구, 2000.
―――, "민족과 여성 : 혁명의 주변", 〈실천문학〉, 2003년 봄호, 실천문학사.
- 신지영, 《꽃과 풍경》, 미술사랑, 2008.
- 김은실, "민족 담론과 여성", 〈한국여성학〉, 한국여성학회, 1994.
- Tani E. Barlow ed, *Formations of Colonial Modernity in East Asia*, Durham : Duke University Press, 1997.
- Partha Chatterjee, *The Nation and Its Fragments : Colonial and Postcolonial Histories*, Princeton University Press, 1993.
- Dipesh Chakrabarty, *Provincializing Europe : Postcolonial Thought and Historical Difference*, New Jersey : Princeton University Press, 2000.

해 스스로 미친다(남정현, 〈분지糞地〉).

8) 손상된 자신과 아버지의 자존심을 되찾기 위해 '어머니와 누이'에게 더 큰 희생을 요구하거나 "이 영화를 아버지에게 바친다"(이광모 감독, 〈아름다운 시절〉).

9) 좌파 민족주의 진영은 가해국(일본)과의 투쟁에서 "우리에겐 '위안부 카드'가 있다."며 외세 협박용으로 삼거나 우파 민족주의자들은 '군 위안부' 문제에 대한 사과 대신 경제 협력이나 군사 원조를 받아낸다. 강대국에게 군사력이 협상할 수 있는 힘이라면, 한국 남성에게 그 자원은 여성이다.

10) 자신의 이 모든 '고통'을 해결하는 방법은 자기 성찰이나 강자에 대한 저항이지만, 강자는 멀리 있거나 강대국 자체도 균질적 존재(여성도 흑인도 있다)가 아니므로 '도리가 없다'. 결국 술을 마신다. 무기력, 자기 연민, 고뇌하는 자기 도취 상태에 있다.

특히 한국 남성들은 비슷한 처지의 다른 약소국과도 다른 독특한 남성 문화를 갖고 있다. '군 위안부', 기지촌 성 매매, 기생 관광 같은 정책에서 볼 수 있듯이 국가나 국내 성 산업 유통업자 남성들은 포주 역할을 수행해 왔다. 지금 기지촌은 다국적 성매매 공간으로 변모했지만, 여전히 나라를 지키기 위해서는 여성의 성이 필요하다는 '조공' 심리가 한국 남성의 무의식에 뿌리 박혀 있다. 이는 일상에 만연한 남성들 간의 성 상납 문화와 같은 원리이다. 한미동맹을 지속하려면 기지촌 성 매매가 불가피하다는 관점은, 미국 남성에게 자국 여성을 활용한 한국 정부의 주체적인 선택이라는 사실을 은폐한다. '군 위안부'는 흔히 민족의 아픔 혹은 수치로 역사화되지만 정확히 말하면 그것은 남성 국가의 잘못이요, 수치다. 한국 남성은 자국 내 여성을 부양하거나 지키지 않았다. 지키기는커녕 자국 여성의 노동과 섹슈얼리티를 강대국 남성에게 제공했거나 제공할 것을 강요했다.

국가 간에 세력 불균형이 존재하는 상황에서, 자동적으로 약소국 여성이 강대국 남성에게 성적으로 종속된다는 것은 사실이 아니다. 필연적인 일도 아니다. 예를 들어 미국은 군사력, 경제력 면에서 이탈리아보다 훨씬 강하지만 미국인들이 더 '사고' 싶어 하는 것은 이탈리아 여성이 아니라 이탈리아산 가죽 제품이다. 미국보다 힘없는 나라지만 걸프전 당시 사우디아라비아 정부는 미군이 자국 여성과 성적으로 접촉하는 것(강간이든 현지 처든 매춘이든)을 강력하게 저지했다. 사우디아라비아는 일반적으로 한국보다 여성 차별이 심하다고 알려져 있지만, 미군은 그 나라 여성을 함부로 대하지 않았다.[21] 전쟁 상황이라 할지라도, 국제법이나 국제 인권 규약이라는 것이 있다. 침략자 미군도 이를 어겼을 때는 자국 재판으로 처리한다. 베트남 전쟁에서 '밀라이 대학살'이나 이라크전에서 '아부 그레이브 사건' 등 미군이 민간

---

21) 캐서린 문, 《동맹 속의 섹스》, 이정주 옮김, 서울 : 삼인, 2002 & 김연자, 《아메리카 타운 왕언니, 죽기 오분 전까지 악을 쓰다 : 김연자 자전 에세이》, 서울 : 삼인, 2005 참조.

을 대상으로 저지른 살해나 성폭력은 미국 정부가 심판한다. 이
와 반대로 주한미군의 범죄는 제대로 처리되지 않는다.

한국 사회에서 저항적 민족주의가 성장하기 시작한 1990년
대 초부터 한국 군인이 저지른 성폭력은 은폐되었지만, 미군에
게 당한 성폭력은 가시화되고 '반미의 원동력'이 되었다. 문제는
'fucking USA'의 논리인데, 한국 남성은 한국 여성을 직접 보
호함으로써 보호자 역할을 하는 것이 아니라 미국 여성(여성화
된 미국)을 강간함으로써 한국 여성을 '보호한다'는 사고방식이
다.[22] 결국 남성은 한국 남성이나 미국 남성이나 모두 강간할 수
있는 권력을 지니게 되지만, 한국 여성이나 미국 여성의 몸은 모
두 남성 집단 싸움의 대리 전쟁터가 된다는 논리다. 여성의 몸에
세워진 '국가 이론'은 르완다, 유고, 동티모르 등지에서 자행되었
던 여성 집단 강간의 면죄부였다. 강간하는 남성의 입장에서는
여성을 강간하는 것이 아니라 적국을 강간한 것이기 때문이다.

한국 남성은 국가 내부에서는 군인다움과 용맹성을 주장하고
폭력적이었지만, 대외적으로는 미국이 남한을 방기할 것에 대한
두려움 때문에 철저히 대미 의존적인 국가안보 정책을 폈다. 이
들이 미국에게 남한 보호를 요청한 방식은 1970년대 기지촌 성
매매 합법화 정책에서 보듯이 "여자를 대서라도 나라는 지켜야

---

22) 정유진, "'민족'의 이름으로 순결해진 딸들? - 주한 미군 범죄와 여성", 〈당대비평〉
11호, 삼인, 2000.

한다."라는 것이었지만, 그들이 지키고자 한 것은 '서구처럼' 가정과 여성이라기보다는, 남성 자신과 동일시된 국가였다.[23] 남성 강자의 자국 여성에 대한 의존, 여성에 대한 보호 의식이 없는 남성성이 한국의 남성성이다.

한국 남성은 역사상 한 번도 외세와의 관계에서 한국 여성을 보호한 적이 없다. 더 중요한 문제는 자신이 소유한 여자를 적에게 빼앗긴 자존심의 상처를 다시 한국 여성에 대한 성폭력이나 구타로 해결하려는 것이다. 혹은 한국 여성에게 이러한 자신을 위로해주어야 한다고 강요한다.(많은 '군 위안부' 여성들이 일제의 '만행'보다' 해방 후 귀국하여 당한 가족 내 따돌림과 남편의 구타가 고통스러웠다고 증언한다.) 미국을 여성으로 비유하고 미국을 강간하자는 이러한 사고방식은 남성 영화 평론가들이 극찬한 '반미에로' 영화 〈태극기를 꽂으며〉에서 가장 상징적으로 재현되었다. 이 비주류 영화에서 국기는 한국 남성의 성기를 의미한다. 영화의 내용은 중학생 사망 촛불 시위를 접하고 울분을 느낀 한국의 청년이, 주한 미군 사령관과 부시 대통령의 아내를 성 노예로 만들어서 결국 SOFA(주한미군 주둔군 협정) 개정에 성공했다는 이야기다.[24] 최근 박근혜 정부에 대한 저항에서 드러난 여성 혐오 문화도 이러한 맥락에서 나온 것이다. 야권의 박근혜 대통령 누

23) 권김현영, "민족주의 이념 논쟁과 후기 식민 남성성 - 해방 전후사의 인식과 재인식을 둘러싼 논쟁을 중심으로", 〈문화/과학〉, 2007년 봄호, 문화과학사.

드화에 대한 '박사모'의 대응은 남성 국회의원이 아닌 그의 부인의 누드화였다. 남성성은 어떤 경우에도 훼손되지 않는다. '여성' 대통령과 남성 국회의원 '아내'의 몸은 남성 문화를 유지하기 위한 궤도 위에서 순환할 뿐이다.

식민지 남성성의 가장 큰 문제는 자신의 성별과 정체성 등 존재의 모든 이슈를 강대국과의 관계로만 환원하는 논리다. 미국을 대타자(the Other)로 설정하고 자신의 모든 문제는 그들 때문이라는 전가와 투사의 메커니즘이다. 따라서 한국 남성은 미국 남성과 한국 여성에게 '당하는' 이중의 피해자다. 이중의 피해 의식에서 자신의 행동을 해석할 여지는 없다. 영원히 자신이 누구인지 알 수 없는 것이다. 이런 상황에서 국가 내부의 사회적 약자 문제나 사회 정의는 중요한 과제가 될 수 없다. 오로지 강대국과 씨름하는 자기 문제가 가장 중요할 뿐이다. 피해 의식과 선진국을 따라잡아야 한다는 사명감은 자기 성찰, 자기 성장을 불가능하게 하는 심리다. 끊임없이 여성의 위로와 지지가 필요하다. 여성은 남성과 달리, 남성 중심의 국가 건설보다는 민주적인 사회 공동체를 원한다. 이들 간의 대화는 불가능하다. 한국 남성은 한국 여성이 무엇을 원하는지, 무슨 노동을 하는지, 자신

---

24) 정희진, "죽어야 사는 여성들의 인권 – 한국 기지촌 여성 운동사, 1986~98", 정희진 엮음, 《한국여성인권운동사》, 1999, 한울 & 정희진, "인권과 평화의 관점에서 본 여성에 대한 폭력", 정희진 엮음, 《성폭력을 다시 쓴다 : 객관성, 여성 운동, 인권》, 한국여성의전화연합 기획, 한울, 2003.

을 어떻게 생각하는지 모른다. 이때 가족은 이 모든 모순을 은폐하고 조작하는 장이었지만 이 갈등을 더는 견디지 못하는 사람들은 1인 가구를 선택하기 시작했다.

한국의 성 차별 문제는 전도(顚倒)를 거듭한 복잡한 양상을 띤다. 문제가 꼬여 있어서 제대로 파악하기가 어렵다. 피해 그룹인 여성은 가해자를 위한 존재가 되어야만 안정적인 사회적 성원권을 얻을 수 있다. 한국 남성의 식민지 남성 문화는 직접적으로는 무기 구입과 같은 대미 관계의 불합리성과 엄청난 경제적 손실로 나타나고 일상생활에서는 열등감과 우월감, 우울과 폭력으로 반복해서 나타난다. 한국의 성 산업, 남성의 성 구매, 주폭(酒暴) 문화는 세계 최고 수준인데도, 한국 사회는 이에 매우 관대하다.

젠더 평등에 대한 한국 남성들의 전반적인 문화 지체 현상('찌질남')과 온라인의 혐오 문화('일베')는 뿌리 깊은 식민지 남성성에 대한 고찰과 함께 분석하고 논의해야 한다. 프란츠 파농은 "타인을 억압하는 사람은 자신을 해방할 수 없다."는 유명한 말을 남겼지만, 문제는 '식민지 남성'이나 파시스트 남성은 자신과 타인을 구별할 능력이 없다는 것이다. 이들은 주체도 타자도 아니어서 타자로부터 자신을 구성하지도 못한다. 미국도 한국 여성도 자기 환상, 망상의 확대일 뿐이며, 오로지 자기 자신만이 중요할 뿐이다.

페미니즘은 여성 해방 없이는 남성 해방도 없다고 주장하지만, 한국 사회에 이 주장을 적용할 수 있을지 의문스럽다. 페미니즘은 성별 분업의 철폐를 주장한다. 그러나 한국 남성들은 성별에 따른 분업조차 제대로 하지 않는다. 한국 사회에는 '여성'과 직면하는 남성이 없다. 젠더는 한국 사회를 구성하고 작동하는 가장 중요한 요소이지만, 남성 지식인들은 젠더에 철저히 무지하다. 한국의 대통령 선거는 최소 세 차례 젠더가 결정적 역할을 했지만(이회창 후보 집안의 병역 비리, '아버지의 딸'로서 박근혜 당선) 이에 대한 연구는 거의 없다. 가부장 없는 가부장제, 남성이 자기 역할을 하지 않는 사회에서 여성에게 필요한 생존 전략은 무엇일까.

근대 전환기
한국의 남성성

권김현영 | 《언니네방1, 2》, 《남성성과 젠더》의 편저자이고, 《성의 정치 성의 권리》, 《성폭력에 맞서다》, 《대한민국 넷 페미사》, 《페미니스트 모먼트》 등 다수의 공저가 있다. 한국성폭력상담소, 언니네트워크 등에서 일했고, 여러 대학에서 "젠더와 정치", "대중문화와 섹슈얼리티", "페미니즘 정신분석학" 등의 과목을 가르쳤다. 여성주의 연구활동가라고 불리는 것을 가장 좋아한다.

한국 남자는 왜?

한국 남자는 왜 남자답지 않을까

국제학부의 여성학 수업 시간, 피임의 역사에 대한 이야기를 나누던 중이었다. 수강생들은 대부분 여자였고, 유학생이었다. 프랑스에서 온 학생이 분통을 터뜨리며 이렇게 질문했다. "대체 왜 한국 남자들은 콘돔을 쓰지 않는 거죠?" 그 이야기를 들은 미국, 일본, 영국 등지에서 살다 온 학생들이 입을 모아 콘돔을 사용하지 않는 한국 남자들의 문제가 유학생들 사이에서 종종 화제가 된다고 고발했다. 이들은 한국 남자들이 하도 사정하고 회유하고 설득하기에 한두 번 콘돔 없이 섹스를 했는데 임신이 되어서 고통을 겪는 이들이 한둘이 아니라며 분개했다. 만약 자국의 남성이 그러자고 했으면 일언지하에 거절했을 텐데, 한국 남자들이 너무 자신만만한 태도로 걱정하지 말라고 해서 뭔가 신비한 아시아적 '비기(祕器)'라도 있나 싶어서 넘어가버렸다는 말도 덧붙였다.

한국 남자에 대한 성토장처럼 되어버린 수업 시간에서는 뒤이어 한국의 '어메이징'한 성 산업에 대한 증언들이 속출했고, 소수를 제외하고는 한국 남자는 대체로 매너가 없다는 불평도 이어졌다. 한국 남성은 자신이 먼저 데이트 신청을 했으면서도 고압적으로 느껴질 때가 많으며, 한국 드라마와 방송에서 보여지는 모습과는 너무나 다르다며 분개했다. 원하는 것(주로 섹스다)을 얻기 위해서는 비굴할 정도로 집요하게 굴다가, 끝내 얻지 못하면 자존심에 상처를 입었다며 폭력적으로 변한다는 사례는 너무 많아서 학생들을 잠시 진정시켜야 할 정도였다. 이들의 결론은 이렇다. "한국 남자들은 이상할 정도로 남자다움에 집착하는데, 사실 전혀 남자답지 않아요."

보통 통용되는 남자다움이란 울면 안 되고, 리더십을 발휘하고, 책임감 있게 행동하며, 여자와 어린이를 보호하고 부양하는 것을 의미한다. 다시 말해, 남자다움은 성인 남자에게 기대하는 규범이다. 성기의 크기에 집착하고 성욕을 과시하는 건 사춘기에 막 진입한 일부 '남자애'들의 미성숙한 행동일 뿐, 그 자체로 남자다운 행동은 아니다. 하지만 나이와 관계 없이 모든 세대의 한국 남자들은 사춘기 소년들처럼 서로의 청춘을 찬양하고 '발기력'을 과시한다. 이는 미국에서 1970년대부터 등장해서 사회적 문제가 된 '어른이 되고 싶어지지 않는 남자'를 뜻하는 피터 팬 콤플렉스와도 다르다.[1] 강의실의 학생들이 정확히 간파한 바

와 같이, 꽤 많은 수의 한국 남자들은 섹스를 밝히고 성욕을 과
시하는 행동을 남자다움이라고 단단히 착각하고 있다.

규범적 젠더 문법의 폐쇄 회로

그렇다면 대체 남자다움과 여자다움이란 뭘까? 요즘 학생들
은 이 질문에 예전처럼 도식화된 답변을 하지 않는다. 터프하고
돈 잘 벌고 힘세고 리더십이 있는 남자, 혹은 청순하고 예쁘고
상냥하고 얌전한 여자라는 식의 구분은 구세대의 유물처럼 느끼
며, 그런 남자, 혹은 그런 여자가 되겠다고 자처하는 이들도 찾
아보기 어렵다. 그럼에도 불구하고 여전히 우리는 여자가 앞에
서 좌중을 휘어잡으며 재기를 펼치는 모습을 보면서 "너 참 여
자답다."라고 말하지 않으며, 남자가 예쁘장한 얼굴로 수줍게
웃을 때 "너 참 남자답다."라고 말하지 않는다. 젠더 규범의 규
칙들이 변화해 가고 있지만 성차의 범주를 지정하는 젠더 문법
자체는 여전히 힘을 발휘하고 있다.

나는 조카가 네 명 있는데, 넷은 각각 감정을 표현하는 방식
이 좀 다르다. 첫째는 무심한 편이고, 둘째는 낯가림은 있지만
정이 많고, 셋째는 활달하고 사회성이 좋고, 넷째는 잘 웃고 명

---

1) 신체적으로는 성장했지만 사회적으로는 성장을 거부하는 현상. 1970년대 미국
의 20대 남성에게 두드러졌던 현상으로 누군가가 항상 돌봐주기를 원하며 현실에
서 도피하고자 하는 경향을 '피터팬 콤플렉스'라고 한다.(Dan Kiley, *The Peter Pan
Syndrome? - Men Who Never Grow Up*, Dodd Mead, 1983)

랑하다. 이중 한 명만이 여자아이인데 누구인지 맞춰보라고 하면 대부분 둘째를 고른다. 하지만 둘째는 남자아이다. 어떤 학생은 나에게 남자아이라면 말 없고 과묵한 아이라고 표현했어야 한다며 '반칙'이라고 했다. 물론 낯을 가리는 둘째를 과묵하다고 표현할 수도 있을 것이다. 나는 과묵보다는 낯가림에 가깝다고 관찰했다. 젠더가 관련되면 사람들은 실제로 어떤 일이 있어 났는지 관찰하기보다는 고정관념을 확인해주는 관습을 더 믿는다. 이것이 젠더 규범의 일상적 효과다.

규범적 젠더 문법은 태내(胎內)에 있을 때조차 과도하고 집요하게 사용되는데, 산모의 배 모양에 따라 남자인지 여자인지를 추측하거나, 산모가 어떤 음식을 좋아하는지 여부에 따라 태아의 성별을 맞출 수 있다는 믿음도 널리 퍼져 있다. 신체 기능상의 차이를 발견하기 어려운 영아기 아이들의 행동을 규범적 젠더의 실행으로 표현하는 것은 매우 빈번하게 일어나는 일이다. 실제로 출생 후 단 24시간이 지난 신생아의 행동을 아버지들에게 관찰하라고 하자, 남자아이는 운동 신경이 좋고 집중력이 뛰어나다고 한 반면, 여자아이는 부드럽고 약하고 주의력이 낮다고 일률적으로 묘사했다는 연구도 있다.[2] 신생아의 경우, 성별에 따라 신체 기능과 발달상의 차이는 거의 없는데도 말이다.

2) Z. E. Tronick & F. J. Cohn, *Infant-Mother face-to-face interaction: Age and Gender differences in coordination and the Occurrence of Miscoordination*, Child Dev. 1989, pp. 85–92.

이처럼 아이들은 태어난 직후부터 자신들의 행동과 습관들이 남자다움과 여자다움의 원인이자 결과라는 말을 듣고 자란다. 젠더 이분법이 고착되고 규범화될수록 남자는 남자답게, 여자는 여자답게라는 말이 정확히 무엇을 지시하는지 알 수 없게 되고, 섹스가 젠더가 되어 가는 과정은 자연스러워진다. 더 심각한 문제는 남성 생계 부양자 모델에 기반한 성별 분업이 사실상 해체되고 있는 상황에서도 젠더 문법의 규범성이 유지되고 있다는 데 있다. 그 결과, 남자들은 생계 부양자가 될 수 없는 상황에 놓여도 남자다움이 훼손되지 않았다는 걸 증명하기 위해 더 폭력적이고 더 퇴행적인 소년 문화에 집중하고, 여자들은 외모 관리, 가사 노동 기술 습득, 출산과 육아 등 전통적 성 역할을 여전히 요구받으면서도 전문직이 되어 돈을 벌어오고 재테크 정보를 알아 오라는 압력을 받는다. 남성 생계 부양자 모델이 깨졌으면 젠더 문법의 규범성도 약화되어야 마땅하지만, 현실을 부인하고 관습을 강화하는 방식으로 남자들이 위기를 돌파하고자 하는 일들이 지난 수십 년간 반복되었다. 경제 위기가 닥칠 때마다 '남성의 위기'(한국에서는 '고개 숙인 아버지'로 대표되는) 담론이 언론의 사회면을 장악한다. 하지만 경제 위기 때 즉각적인 타격을 받는 건 언제나 여성이다. 1963년부터 1997년까지 경제 활동 참가율을 보면, 남성의 경제 활동 참가율은 78.9퍼센트에서 75.6퍼센트로 완만하지만 꾸준히 감소세였고, 여성의 경제 활동 참여율은 37퍼센트에서 49.5퍼센트로 급격한 증가세였다.[3] 그러나 경제 위기 직후였던 1998년 남성 경제 활동 참가율은 0.4 퍼센트 감소한 반면, 여성 경제 활동 참가율은 2.5퍼센트로 남성에 비해 6배 이상 감소했다. 경제 위기로 노동 시장에서 급격하게 퇴장한 건 여자였고 남자들은 잔류했으며, 여자들의 일자리는 빠른 속도로 비정규직화되었다. 그런데도 남자의 위기만 강조되었던 것이다.

근대 전환기의 남성성들

그렇다면 성별 분업을 떠받치는 근거로 작동하는 젠더 이분법은 언제부터 어떻게 구성되었을까? 근대 전환기의 한 장면으로 돌아가보자. 1902년 조선의 외교관이었던 이태직(李台稙)은 〈일본유람가〉에서 조선의 상층 계급 관료의 눈으로 일본의 근대 문물을 소개하고 있다. 이층 삼층으로 지어진 건물과 경성보다 넓은 지방 항구, 풍요로운 물건들이 휘황히 쌓여 있는 시장 등 일본의 새로움을 소개하는 중에 다음 문장이 슬쩍 끼어 있다. "어떤 배를 보게 되면 계집들만 모여 서서 저희끼리 노를 저어 한편으로 그물 치고 고기 잡는 모양들이 사나이나 일반(一般)이라."[4] 개화한 일본을 그리는 풍경에 왜 '어민 여성'의 모습이 등장했

3) 장지연, 《경제위기와 여성노동》, 한국노동연구원, 2001년, 8~10쪽.
4) 이태직(李台稙), 국립중앙도서관 소장본 〈일본유람가〉, 1992. (최강현, 《조선 외교관이 본 명치시대 일본》, 신성출판사, 1999), 검색데이터베이스 : 한국역대가사문학집성.

을까? 당시 일본에서는 정신적 자유와 자립을 원하는 여성상이 1890년대에 등장했고, 일군의 신여성들이 도시 지식인들의 비상한 관심을 끌고 있었다.[5] 일본의 개화 근대의 모습을 묘사하기에 적합한 여성이라면 바로 이 신여성들이었을 것인데, 굳이 '여자 어민'의 모습을 소개한 이유는 무엇이었을까? 상식적으로 여자 어민들이 근대 전환기에 갑자기 '사나이'같이 행세했을 리는 없다. 그런 모습들이 새삼스럽게 낯설게 보이기 시작했다고 보는 편이 맞을 것이다. 실제로 여자다움과 남자다움을 둘러싼 지금과 같은 관념은 이른바 '문명 개화 이후', 즉 근대 국민국가가 성립되던 시기와 때를 같이한다.

특히 젠더의 규범적 문법이 지금과 같은 이분화된 젠더 상징(gender symbolism)으로 눈에 띄게 사용되기 시작한 것은 보통 19세기 이후다. 19세기 후반부터 프랑스를 비롯한 서유럽 지역에서 여성성과 남성성이 서로 대비되는 양성적 존재로서 형상화되기 시작했다.[6] 일본에서도 마찬가지였다. 여성의 읽고 쓰기가 확대되던 19세기 일본의 근대화 과정에서는 여성에게 적합한 읽고 쓰기란 무엇인지에 대한 담론, 즉 성차의 질서를 따라야 한다는 젠더 규범적 담론이 끊임없이 등장한다.[7] 성차에 대한 담론

---

5) 스즈키 토미, 《이야기된 자기-일본 근대성의 형성과 사소설 담론》, 한일문학연구회 옮김, 생각의 나무, 2004, 269쪽.
6) Tarmar Garb, *Bodies of Modernity-Figure and Flesh in Fin-de-Siecle France*, London: Thames & Hudson Ltd, 1998, p. 22.

이 근대 전환기에 급격하게 증가하게 된 데에는 남녀가 동등한 권리를 가져야 한다는 근대적 이상이 이른바 여권론이라는 이름으로 확산되는 데 따른 (주로 상류층 남성의) 불안이 널리 퍼졌기 때문인데, 여성 참정권론자(suffragette)를 비롯하여 교육의 기회, 가족 제도의 개혁을 요구하는 여성들은 남자와 똑같이 되려는 여자답지 않은 이상한 여자들로 취급받았다.

한국의 구한말 풍경도 이와 다르지 않았다. 남녀동권에 기대를 품기 시작했던 여자들은 더는 구시대 귀족과 양반의 아내와 딸로서만 살고자 하지 않았다. 하지만 그동안 주어진 성 역할을 완전히 거부하는 것도 불가능한 상황이었다. 근대 전환기에 만들어진 여성 고등 교육 기관은 여성의 교육받을 권리를 쟁취하기 위해 '현모양처'와 같은 규범적 젠더 문법에 맞춰 여성 교육의 필요를 인정받아야 했다. 신여성 행세라도 하려면 근대 교육 기관에서 교육받고, 양장 정도는 입을 줄 알며, 글줄 깨나 쓸 수 있고, 위생 관념 같은 근대적 이념을 지닌 것을 공증할 필요가 있었다. 근대의 새로운 여성성은 남자와 똑같이 되려고 한다는 의심을 거두게 하기 위해 여성성을 최대한 과시해야 하는 '가장(masquerade, 假將)'으로서 여성성을 요구받았던 셈이다.[8]

---

7) 히라타 유미, 《여성 표현의 일본 근대사-여류 작가의 탄생 전야》, 임경화 옮김, 소명출판, 2008, 12쪽.
8) Joan Riviere, *Womanliness as Masquerade*, International Journal of Psychoanalysis, Vol. 10, 1929, pp. 303-313.

그렇다면 근대 전환기에 남자가 된다는 것은 어떤 의미였을까. 여성들에게 근대가 여성이면서 동시에 인간이어야 하는 '성차화된 인간 여성'이 되는 것으로 이해되었다면, 남성들에게 근대는 (남자들 간의) 계급 차이를 사라지게 할 수 있는 '남성 간 평등의 기획'으로 받아들여졌다. 하지만 누구와 어떻게 평등해질 것인가. 근대 전환기 식민지 조선에서 이 문제는 제국과의 관계라는 항목을 빼고는 논할 수 없다. '남자다움'이란 결국 어떤 남자와 동일시할 것인가라는 문제이다. 조선이 무너진 자리에는 나라를 잃은 '백성'과, 일본과 함께 대동아공영이라는 꿈을 꾸던 제국의 '신민'과, 조선의 신분제적 위계 질서가 붕괴된 이후를 살아가는 다양한 '인간 군상'이 한자리에 있었다. 이중 어떤 위치도 식민지 조선의 남자들을 평등하게 호명하지 않는다. 식민지 조선의 남자들은 어떤 방법으로 남자이자, 근대적 인간이 될 수 있었을까. 구체제가 무너지고 새로운 근대 국가 건설을 할 수 있는 주체로 호명되지도 못한 조선의 남성들은 동일시할 만한 대상이 없었다. 1900년대는 조선 남성들이 신국가 건설이라는 기획을 실행하기 어려운 시기였으며,[9] 이광수도 단언한 바와 같이 당대의 청년들은 선각자도 부모도 학교도 사회도 없었기 때문에 자수(自修)하고 자양(自養)할 것, 즉 스스로 교육자이자 학생이 되고, 학생이 되는 동시에 사회의 일원이 되어야 했다.[10]

---

9) 소영현, 《문학청년의 탄생》, 푸른역사, 2008, 57쪽.

식민지 조선의 남자들은 국가와의 관계에서도 가족 관계 내에서도 주체가 될 수 없었다. 근대적 교육 기관에서 훈육을 거쳐 성인 남성으로 거듭나는 체계적 과정 자체가 불투명했기 때문이다. 그렇다면 어쩌면 조선의 남자들은 근대 전환기부터 식민 지배로 이어지는 역사 속에서 성인 남자의 '남자다움'이란 가치를 실천하는 것이 불가능한 채로 끝없이 유예되고 있었던 것은 아닐까? 그리고 이런 곤경들이 동일시할 만한 어른을 찾지 못해 영원히 성장하지 않고 있는 현재의 '한국 남자'와 연결되는 것은 아닐까? 이 글[11]에서는 동일시할 만한 대상을 찾는 것도 불가능하고, 여성과의 차이를 통해 정체성을 구성하는 데에도 어려움이 있었던 당대 식민지 남성의 처지에 주목하여 근대 전환기의 식민지 남성성을 상상하고 실천했던 두 개의 위치를 살펴본다. 하나는 여자와의 관계를 통해 구성되는 남자의 위치이고, 다른 하나는 남자와의 관계, 즉 '동성애'를 매개로 상상된 남성 동일시의 형상이라는 차원의 위치이다.

---

10) 孤舟, '今日 我韓靑年의 境遇', 〈소년〉 제3년 제6권 (1910. 6.) 26~31쪽.
11) 이 글은 "남장 여자/남자/남자 인간의 의미와 남성성 연구 방법"(권김현영, 《남성성과 젠더》, 자음과모음, 2011)을 전면 수정, 개고한 원고이다.

근대 전환기[12] 식민지 남자들의 처지

제국의 남성에 대한 이광수의 '사랑'

식민지 조선의 소년, 청년, 혹은 '모던보이'들에게 남자가 된다는 것은 어떤 의미였을까. '모던보이'라는 이름에서 짐작하다시피 식민지 조선 남자라는 위치는 조선의 아버지들과의 단절과 함께 근대 문물을 가져온 제국의 남자들과의 관계를 통해 자각되고 각인되었다. 귀족의 기사도를 승계하면서도 그것을 부르주아지의 규범 속에 다시 새겨 넣는 과정을 거쳐 아버지-아들 간의 적대적 동일시와 승화를 이루어냈던 서구와는 달리, 식민지 조선의 남성성은 어떤 것도 승계할 수 없고 어떤 것도 부인할 수 없는 상태에 놓여 있었다. 이러한 식민지 남성들에게 동일시할 만한 근대적 남성이란, 구체적으로는 유학 시절 만난 또래 '벗'들이거나 귀국 후 만난 '지기'들이었고, 추상적으로는 소년과 청년들을 의미했다.

춘원 이광수가 도쿄 유학 시절 열여덟의 나이에 처음으로 발표한 소설 〈사랑인가〉[13]에는 연하의 동성에 대한 성적 매혹이 적

---

12) 이 글에서 근대 전환기는 19세기 말부터 20세기 초까지 전통적 문명이 쇠락하고 서구 중심의 근대적 문명관을 수용하거나 이에 길항하면서 그 나름의 근대성을 추구해 가던 시기 전반을 가리킨다.
13) 이광수, 〈사랑인가〉(1909년 12월 《白金學報》 제19호), 김윤식 옮김, 〈文學思想〉 통권 100호, 1981년 2월호, 442~446쪽.

나라하게 묘사되어 있다. 귀국 후 발표한 〈윤광호〉, 〈H군에게〉, 《무정》 등의 소설에서도 연하의 동성을 향한 열정을 묘사하는 장면이 이어지는 것을 보면 동성애에 대한 이광수의 관심은 일시적인 호기심 이상이었던 것으로 보인다. 자전적 소설 〈사랑인가〉의 주인공 문길은 열한 살 때 부모와 사별하고 홀몸으로 세상의 쓰라림을 맛보던 즈음 한 고관(高官)의 도움으로 도쿄 유학길이 열리게 된다. 그러나 그곳에서도 역시 문길은 적막과 고독감에 시달리는데, 그것은 바로 '벗을 갖지 못하는 비애'였다. 그는 정신없이 벗을 찾다가 운동회에서 연하의 일본인 소년 마사오를 발견하고 그를 연모하던 끝에 혈서로 자신의 격렬한 심경을 고백한다. 그러나 혈서를 받은 마사오는 답이 없다. 초조해하던 문길은 방학을 앞두고 마사오를 찾아가나 무시당하고 만다. 문길은 분개하고 좌절하여 기찻길에 몸을 던져 자살을 생각한다. "단 한 번이라도 좋으니 누군가에게 안기고 싶어라."라는 말이 문길의 마지막 중얼거림이었다.

후에 한글로 쓰인 이광수의 또 다른 소설 〈윤광호〉[14]에는 두 개의 사랑 이야기가 등장한다. 하나는 윤광호가 P씨를 짝사랑한 이야기이고, 다른 하나는 윤광호의 선배인 김준원을 사모했던 일본 청년의 사랑 이야기이다. 윤광호는 도쿄 K대학 경제과를 특대생으로 다니는 촉망받는 수재였다. 학교 생활을 성실히

---

14) 이광수, "尹光浩", 〈청춘〉 제13권, 1917, 68~82쪽.

하던 윤광호는 어느 날 남몰래 끓어오르는 P씨에 대한 성애적 열망을 다음과 같이 토로한다. "인간에 대한 사랑, 동족에 대한 사랑, 친우에 대한 사랑, 자기의 명성과 성공에 대한 갈망(渴望)만으로는 만족하지 못하게 되엇다. 그는 누구나 하나를 안아야 하겟고 누구나 하나에게 안겨야 하겟다." 이렇게 P씨에 대한 마음을 키워 가던 주인공 윤광호는 마침내 자신의 마음을 선혈로 쓴 편지에 담아 보낸다. 하지만 P씨는 사랑을 구하는 자가 갖추어야 할 세 가지는 황금, 용모, 기지인데 당신은 오직 기지만을 가지고 있다며 윤광호의 구애를 단번에 거절하고 만다. 실연의 슬픔은 윤광호에게 스스로 목숨을 끊게 할 만큼 깊었다. 나중에 윤광호의 묘비에 그의 선배였던 김준원은 다음과 같은 시구를 남긴다. "눈이 뿌리고/ 바람이 차고나/ 발가벗은 너를/ 안아 줄 이 없어/ 안아줄 이를 찾아/ 영원한 침묵에 들도다." 독자들은 이때까지만 해도 여자인 P씨를 짝사랑하는 윤광호와 남자인 김준원을 사모하는 일본 청년이 비록 성적 지향은 달라도 짝사랑의 동지라고 생각하면서 읽었을 터이다. 하지만 이광수는 독자들의 의표를 찌르듯 소설 〈윤광호〉의 마지막을 이렇게 애달픈 비련을 안겨준 상대인 "P는 남자여라."라는 문장으로 끝맺는다.

식민지 유학생 신분이었던 이광수에게 '사랑'이란 제국 일본과의 관계를 지배/종속의 관계에서 동등하고 상호적인 관계를 맺을 수 있게 하는 '평등'이라는 근대성의 마법을 뜻하는 다른 말이기도 했다. 이때 일본과의 동일화에 대한 욕망은 처음에는 일본 남성에 대한 욕망과 구분되지 않았고, 남자에 대한 사랑 또한 비규범적인 것으로 제한되지 않았으므로 근대적 성애의 표현과 대상은 조선 내부에서도 얼마든지 확장 가능했다. 정신적 사랑으로서 호모 에로티시즘과 육체적 접촉이 포함된 호모 섹슈얼리티를 구분하거나[15] 동성 사회성(homosociality)과 동성애(homosexulaity)를 엄밀하게 구분한 것은 훨씬 나중의 일이다.[16]

같은 해에 연재를 시작한 《무정》에서 이광수는 남자 주인공 형식의 입을 빌려 자기 또래와 연하의 '남자'에게 품은 사랑의 감정이 '여자' 주인공 영채에 대한 사랑과 근본적으로 크게 다르지 않다고 말한다. 심지어 소설 속에서 다른 남자 교사들이 "형식이가 (제자인) 이희경을 특별히 사랑하는 것은 필연 희경의 얼굴을 탐내어 그러는 것이라 하며, 어떤 자는 형식과 희경의 더러운 관계를 확실히 아노라"고 장담하며 형식을 모욕해도 어린 소년[17]을 향한 그의 사랑은 멈추지 않는다. 심지어 그는 "만일 학생들 중에 사람의 피를 마셔야 살아나리라 하는 병인이 있다 하

---

15) 조지 모스, 《내셔널리즘과 섹슈얼리티》, 서강문학연구회 옮김, 소명출판, 2004, 124쪽.

16) 이브 세즈윅은 '동성애'가 '이성애'보다 담론적으로 먼저 등장하고, 호모 섹슈얼리티의 금지를 통해 이성애가 규범적으로 안정화된다고 분석한 바 있다. Eve Kosofsky Sedgwick, *Between Men—English Literature and Male Homosocial Desire*, New York: Colombia University Press, 1985, pp. 2~3.

17) 어린 소년에 대한 사랑이 유달리 강조된 것은 근대 전환기에 '소년'이 미래 국가 건설의 주체로 호명되었던 것과 연관된다. 1908년, 18세의 최남선은 잡지 〈소년〉을 창간하며 "우리 대한(大韓)으로 하여금 소년(少年)의 나라로 하라!"라고 선언한다. 〈소년〉은 1911년까지 통권 23호를 발간했고, 8호부터 이광수가 참여했다.

면 형식은 달게 자기의 동맥을 끊으리라"라고 생각하며, "그중에도 이희경 같은 몇 사람에게 대하여서는 남자가 여자에게 대하여 가지는 듯한 굉장히 뜨거운 사랑"[18]이었다고 묘사하고 있다. 그리고 이어 이광수는 어린 시절 형식이 족제(族弟)를 깊이 사랑했던 일, 어린 학생들에 대한 깊은 사랑 등을 열거하며 근대적 의미에서 사랑을 '한 인간으로서 자기 자신의 완성을 향해 나아가고자 할 때 경험하는 숭고한 감정'으로 정의한다. 이때 형식이 동성의 남성들에게 품은 감정은 선형과 영채에게 깊은 사랑의 감정을 품었다고 확신하는 순간마다 재확인되는 사랑의 원형으로 배치된다. 여기에서 동성애는 이성애와 단절되지도 않고, 특이한 성벽으로 대상화되지도 않으며, 규범적 젠더 체계의 남성상에 맞지 않는 것으로 분류되지도 않는다.

내선 결혼, 제국 - 남자와의 동일시 열망

봉건 질서가 유지되었던 신분제 사회가 붕괴된 이후, 즉 근대에 남자가 된다는 것은 '성적 시민의 자질(sexual citizenship)'을 갖추는 과정이기도 했다. 근대의 남성-되기는 여성과의 차이를 통해 등장하는 동시에 여자를 타자의 위치로 두고, 한편으로는 남자들 간의 이상적 동등성을 구현하는 과정을 거쳐 구현된다. 다시 말하자면, 근대적 남성 주체의 구성은 성별화된 계기를

---

18) 이광수, '尹光浩', 〈청춘〉 제13권, 227쪽.

통해 등장하고 다시 그 성별이라는 차이를 제거함으로써 완성된다. 그런데 여자가 타자의 자리로 가지 않고 남자들 간의 이상적 동등성이 구현되기 어려울 때, 이 근대적 남성-되기의 기획에는 균열이 일어난다. 식민지 조선 남성의 처지를 놓고 볼 때 '근대적 남성'이 된다는 것은 '여자와의 차이와 남자와의 동일성'이라는 두 측면에서 모두 불가능한 것이었다.

이광수의 초기 작품에서 자주 묘사되는 남성 간의 동성애는 제국과 식민의 지배 관계와 계급적·지역적·연령적 차이 등 남성들 간의 '차이'를 성애적 감정을 통해 사라지게 함으로써 근대적 '인간'의 보편성을 획득하고자 했던 열망의 반영이었다. 동시에 이는 정확히 일본 제국의 이해관계에 부합하는 일이기도 했다. 뒤늦게 서구의 제국주의적 야망과 어깨를 나란히 하려 했던 일본 제국은 안정적인 병력 동원 체계를 갖추는 것이 절실한 과제였지만, 일본의 입장에서는 식민지 조선의 남성들에게 일본 제국의 무기를 지급해도 그 칼끝이 다시 일본을 향해 돌아오지 않는다는 확신이 필요했다.

내선 일체를 체화할 수 있는 통치 전략으로서 내선 결혼(內線結婚)이 기획된 것은 이 즈음이었다. 1920년부터 내선 일체를 위한 사전 작업으로 식민지의 인구와 가족에 대한 체제 개편이 이루어지고, 1920년 1월 16일 내무성·문부성은 보통선거에 대비한 공민 훈련 기관으로 청년 단체를 육성하고 국민을 조직화하는 데 목표를 두고 〈청년 단체의 내용 정리와 실질 개선의 방법〉

을 발표한다.[19] 조선총독부는 1912년에 공포한 조선민사령을 세 차례 개정하면서 호적과 상속·양자·결혼에 관련한 사항을 정리하여 일본인과 조선인의 내선 결혼의 법적 근거를 마련한다.[20] 1920년 4월 12일 일본에서 조선과 일본의 상징적 결합을 상징하는 왕세자 이은(李垠)과 일본 황족 마사코(方子)의 결혼식이 대대적으로 보도된다.[21]

내선 결혼은 처음에는 조선과 일본 남성 모두에게 환영받지 못했지만, 1921년에 내선인통혼법이 제정되면서 1920년에 85쌍에 불과하던 내선 결혼의 수가 1930년대 후반에는 5,500여 쌍에 이를 정도로 증가한다. 이중 남편이 조선인이고 아내가 일본인인 경우가 전체 내선 결혼의 73퍼센트를 차지했다. 내선 결혼은 내지와 외지를 구분하면서도 외지인인 조선인에게 내지와의 동화가 가능하다는 희망을 안겨주기 위한 정책이었는데, 단순히 일본과의 동화를 목적으로 삼았다면 근대 일본의 부계 혈통주의에 입각할 때 일본인 남성과 조선인 여성의 결합이 상식

---

19) 이와 관련해서는 김종식, "근대 일본 청년 단체 정책의 형성 과정", 〈동양사학연구〉 제82권, 동양사학회, 2003 참고.

20) 〈조선총독부관보(朝鮮總督府官報)〉 1921년 11월 15일자, 조선민사령의 내용과 개정 방향에 대해서는 이승일의 논의를 참고했다. (이승일, 《조선총독부 법제정책》, 역사비평사, 2008).

21) "한국 구황실 황태자 결혼식", 〈신한민보〉, 1920년 5월 4일. 이 기사에서는 이은과 마사코의 결혼이 일본에 의해서 강제로 치러진 한국 황실의 치욕이라고 보도하고 있다. 한편 〈독립신문〉 1920년 6월 20일자에서는 황태자 이은의 결혼에 불만을 품은 조선 청년이 도쿄에서 폭력 사건으로 잡혀갔고, 그를 방조한 일본 소년 두 명도 검거되었다는 기사가 실렸다("李垠結婚에 東京에 爆彈事件", 〈독립신문〉, 1920년 6월 10일).

적으로 더 권장되었을 텐데 오히려 그 반대였다. 그 이유는 서구 남성과의 경쟁이라는 측면에서 대동아공영권이라는 일본의 제국주의 기획에 동화시키기 위해 일본인과 조선인 남성의 차이가 중화되어야 했고, 이를 위해 제국의 여성을 식민지 남성들에게 증여할 필요가 있었던 것이다.

게일 루빈(Gayle Rubin)에 따르면, 이러한 '여성 교환' 장치는 강제적 이성애와 성적 위계의 섹스-젠더 시스템[22]이 만들어지는 원리이기도 하다. 남자들 사이의 '여성 교환'은 남자들 간의 관계를 정의하고 친족 질서의 근간을 만들어낸다. 내선 결혼은 일본인 남성과 조선인 남성의 적대적 관계를 혈연적 일체의 관계로 승화하기 위한 전략이었던 한편, 내지와 외지의 관계를 철저하게 젠더 위계적으로 차이화한 기획이다. 조선인 위안부와 일본인 처(妻)라는 대비는 제국의 여성과 식민지 여성의 차이를 만들어냈고, 일본인 남성은 독자적으로 공민(公民)으로서 남성 정체성을 수립할 수 있는 반면 조선인 남성은 어떤 여성과 함께하는지가 더욱 중요해졌다는 점에서 제국 남성과 식민지 남성의 차이가 만들어졌다. 다시 말해, 제국의 여성과 결혼한 피식민지 남성은 여성을 타자로 내몰지 못하고 여성에게 정체성의 근거를 빚지게 된 성차화된 남자 인간이 된 셈이다. 이것이 식민지 조선

---

22) Gayle Rubin, Carole S. Vance ed., "Thinking sex: Notes for a radical theory of the politics of sexuality", *Pleasure and Danger: Exploring Female Sexuality*, London: Routeledge and Kegan Paul, 1984.

에서부터 형성되어 온 '한국 남자'의 특수성이 각인된 순간이다.

총동원령이 내리기 직전인 1938년에 채만식이 〈동아일보〉에 발표한 소설 〈치숙(痴叔)〉[23]에는 내선 결혼에 대한 당시의 시대 인식을 잘 보여주는 장면이 나온다. 이 소설은 보통학교 4학년을 졸업한 소년의 시점으로 시작되는데, 소년은 "내지(일본인) 여자한테 장가가서, 성명도 내지인 성명으로 갈고 집도 내지인 집에서 살고 옷도 내지인 옷을 입고 밥도 내지 식으로 먹고 아이들도 내지인 이름을 지어서 내지인 학교에 보내겠다."는 포부를 품고 있다. 소년은 오촌 고모부가 "대학교까지 공부한 것 풀어먹지도 못하고 신분에는 전과자라는 붉은 도장이 찍힌 데다가, 몸에는 몹쓸 병까지 든 철빈(鐵貧)일 뿐, 그저 목에 풀칠하는 것은 어질고 착한 부인이 삯바느질에 품빨래를 해서 살아가는 처지"라고 혀를 차면서 자신의 내선 일체에 대한 소망을 민족에 대한 배신이라기보단 가장으로서의 책임을 다하는 미덕이라고 해석한다. 하지만 가장으로서 역할을 하기 위해 제국의 여성에게 선택되어야 하는 처지는 어떻게 해결할 것인가.

식민지 조선의 남자가 근대적 주체로서 남자가 될 수 있는 길은 해결하기 어려운 곤경에 처해 있었다. 이광수가 제국의 남성에 대한 사랑을 일본에 대한 좀 더 적극적인 '동화(同化)' 욕망으로 풀어낸 경우였다면, 채만식은 내선 결혼의 여성 교환 장치를

---

23) 채만식, 〈치숙〉, 《채만식 전집 7》, 창작과비평사, 1989, 266쪽.

통해 내선 일체에 다가갈 수 있다 해도 제국의 여성에게 정체성의 근거지를 빚지고 살 수밖에 없는 조선 남성의 처지를 간파했다. 이 남자아이의 소망은 동화 속 이야기를 있는 그대로 믿으면서 백마 탄 왕자를 기다리는 여자아이의 바람과 정확하게 일치하지 않는가? 이처럼 내선 결혼은 여성 교환과 남성 위계라는 차원에서 작동하는 기제였음은 틀림없지만, 여성을 통해 존재가 규정되고 자격이 주어진다는 의미에서 제국과 식민이라는 관계에서 돌출된 식민지 남성의 성차화된 자의식을 건드리는 사건이기도 했다. 식민지 남성성은 '여성성'이었던 것이다.

좌절된 이성애와 경성 모던보이들의 동성 결혼식

서구 사회의 남성 주체화 과정의 해석을 지배하는 서사인 오이디푸스 신화는 아버지와 아들의 관계를 생물학적인 것에서 문화적인 것, 즉 신화와 상징 질서로 재각인하는 남성의 자기-동일시 과정에 관한 이야기이다. 그러나 식민지 조선의 남성이란 위치에서는 동일시의 대상이 없다. 여기에서 식민지 남성들의 남자다움에 대한 갈망은 몇 가지 갈림길에 서게 된다.

이광수처럼 "무엇보다 먼저 조선인은 힘잇는 일본 국민이 되지 아니하여서는 아니 된다."[24]라며 일본과의 동화를 열망하는 경우도 있었고, 이상이나 김유정처럼 제국이 가져다준 신문물의

---

24) 이광수, "황민화와 조선문학", 〈매일신보〉, 1940년 7월 6일자.

부르주아적 근대성에 침을 뱉고 기생충적 삶의 비루함을 스스로 폭로하는 길에 서기도 한다. 이때 전자가 더 좋은 아버지를 찾아가기 위해 생부를 죽이는 전형적인 오이디푸스 서사의 기로에 서 있다면, 후자는 상실 그 자체를 자기 존재의 기원으로 삼는 자기 분열적인 나르시시스트로서 존재한다. 프로이트의 표현을 빌려 말하면 "본질적으로 동성애적이었던 리비도의 대부분이 나르시시즘적 자아 이상의 형성에 개입하며, 더 나아가 자아 이상을 보존하려는 노력 속에서 탈출구를 찾게 되고 만족을 찾게"[25] 되었다. 이 나르시시스트들에게 여성은 거세 불안을 환기하는 존재로서 두려움의 대상이었고, 자신들이 보기에는 이미 거세된 존재인데도 멀쩡히 살아간다는 점에서 경외의 대상이기도 하다. 이상이 기생(妓生) 금홍의 집에 '기생(寄生)'하면서 자신의 무기력한 처지를 한탄하며 빼앗긴 조국에서 거세된 남성으로 살아가는 처연함을 노래하지만 외려 금홍 덕분에 겨우 생계를 이어 가는 처지였다면, 김유정은 1928년 일개 학생 신분으로 당대의 스타였던 박녹주를 일방적으로 쫓아다니는 기행을 일삼는다. 해방 후 결성한 여성국악동호회의 초대 회장이기도 했던 박녹주는 당시를 회상하며 김유정의 구애 사건이 이상스러우리만큼 자세하게 장안에 요란히 퍼졌다며 의아해하는데, 그가 밝힌 김유정의

---

25) 지크문트 프로이트, "나르시시즘에 관한 서론", 《무의식에 관하여》, 윤희기 옮김, 프로이트전집 13권 , 열린책들, 1995, 79쪽.

편지 내용은 다음과 같다. "당신이 무슨 상감이나 된 듯이 그렇게 고고한 척하는 거요. 보료 위에 버티고 앉아서 나를 마치 어린애 취급한 것을 생각하면 지금도 분하오. 그러나 나는 끝까지 당신을 사랑할 것이오. 당신이 이 사랑을 버린다면 내 손에 죽을 줄 아시오……."[26] 이렇듯 김유정에게 연애란 그의 작품에서 언급되듯 "상대에게서 제 자신을 찾아내고자 거반 발광을 하다 싶이 하는 것"[27]이었다. 이 글의 첫머리에 언급했던, 내내 섹스를 졸라대다가 끝내 거절하면 저주를 퍼붓고야 마는 '한국 남자'에 대한 '고발'들과 놀라울 정도로 유사한 모습이다.

이들에게는 나르시시즘적 욕망으로 자기를 보존하기 위해 필요한 적당한 무대가 마련되지 않았지만, 이들이 욕망한 여인들이 하나같이 '이미 그 무대 위에 서 있었던' 것은 흥미로운 사실이다. 김유정이 짝사랑한 박녹주는 당시 이미 대스타로서 '일개 문학 지망생'이 닿을 수 없는 위치였다. 또한 이상과 혼인한 변동림은 이상의 재정적·문학적 후견인이었던 구본웅의 손아래 이모이자 당대 유명한 자유연애주의자였는데 이상은 그의 마지막 단편 〈19세기식〉에서 자신의 문제는 20세기에 여전히 19세기 도덕성을 버리지 못하고 있는 것이라며 변동림의 자유연애를 끝내 받아들일 수 없다고 고백하기도 한다. 이후 김유정은 귀향하

---

26) 박녹주, "나의 이력서", 〈한국일보〉 1974년 1월 29일 4면.
27) 김유정, "생의 반려", 《김유정 전집 2》, 가람기획, 2003, 252쪽.

여 '들병이'[28]와 어울리고, 이상은 자신이 버리고 온 기생 금홍을 그리워한다. 자유연애도 구식 결혼도 이들의 위안처가 될 수 없는 상황이었던 셈이다. 이상과 김유정 모두 여인과의 연애에서는 짝사랑과 절망의 달인으로 불릴 만했다. 김유정은 1935년 〈안해〉[29]에서 생계 때문에 몸을 팔겠다 나선 '안해'에게 "너는 들병이로 돈 벌 생각도 말고 그저 주는 밥이나 얻어먹고 몸 성히 있다 자식이나 낳아라."며 타박하다가 문득 "한 놈이 일 년에 벼 열 섬씩만 번다면 …… 그런 줄 몰랐더니 이년이 …… 아무렇게 따져도 나보다 낫구나."라는 걸 깨닫는다. 이상 역시 1936년 〈날개〉[30]에서 부인에게 기생해 사는 남편의 심정을 그리면서 "우리 부부는 숙명적으로 발이 맞지 않는 절름발이인 것이다. 내나 아내나 제 거동에 로직을 붙일 필요는 없다."라고 쓴다. '안해'에게 젠더 규범을 강요할 수 없는 처지에 놓여 있는 두 소설가의 남자 주인공들은 '안해'의 생계 부양으로 인해 사라진 자기 자리를 자조적으로 바라본다. 이들은 젠더 문법의 어디에도 속할 수 없는 위치를 인지하는 자들인 것이다.

이 때문일까. 죽음 직전 이상과 김유정의 우정은 더욱 애절하다. 어쩌면 절망 가운데에서 그들은 유일하게 서로를 욕망의 대

---

28) '들병이'란 색주집을 다니며 술과 몸을 파는 삼패(三牌) 기생을 뜻하는 말로 사용된다.
29) 김유정, "안해", 〈사해공론〉, 1935년 12월.
30) 이상, "날개", 〈조광〉, 1936년 9월.

상이자 동일시의 주체로 둔 것일지도 모를 일이다. 둘의 우정은 김유정이 이상에게 같이 죽자고 간청했다는 이야기가 문인들 사이에서 파다할 정도로 꽤나 유명했다. 동일시 욕망과 인정 투쟁으로서 이광수식 동성애 소설의 문맥과는 또 다른 차원이긴 하지만, 이 둘의 관계를 우정으로만 볼 수 있을지에 대해서는 당대의 문인들마저 헷갈릴 지경이었다.

하지만 이들의 마지막 길은 반드시 기억해 둘 만하다. 1937년 3월 27일 김유정이 먼저 세상을 뜨자, 이를 애통해하던 이상이 이십여 일 후에 뒤를 이어 죽음을 맞이한다. 이상은 일본으로 떠나기 전, 구보 박태원에게 들러 "김유정의 말이, 나보고 일본 가지 말고, 저번에 약속한 대로 같이 자살하자는 거요. 두 젊은 작가의 찬란한 정사(情死)를 결행하자."라고 했다며 김유정의 신병을 부탁하기도 했다. 이들의 죽음이 연이어지자 지인들은 모여 부민관에서 두 남성의 합동 영결식을 올렸다. 부민관은 당시 결혼식장으로 즐겨 사용된 장소였는데, 이를 본 박태원은 "마치 영혼 결혼식과 같은 풍경이 아니냐."며 조용만에게 "이들은 정말 정사를 한 것일지도 모른다."라는 말을 남겼다고 한다.[31]

---

31) 조용만, "이상시대, 젊은 예술가들의 초상", 〈문학사상〉, 1987년 6월, 317쪽.

차이로서 남성 주체는 가능한가

식민지 남성성은 여성성인가

여성이 태어나는 것이 아니라 만들어지는 것이라면, 남성 역
시 남자로 태어나는 것이 아니라 만들어지는 것이리라. 하지만
남자는 여자처럼 만들어지지 않으며, 여자는 남자처럼 만들어지
지 않는다. 여자를 남자가 아니라 남자보다 못한 존재로 타자화
함으로써 남성은 문법을 스스로 만들어낼 수 있는 보편자라는
주체 위치에 서게 된다. 이 위치에서 설명되어야 할 '특수한 존
재'는 오직 여성이다. 남성적 보편과 여성적 특수라는 젠더 분할
은 남성이 인류 전체를 대표함으로써 결과적으로 여성을 삭제하
거나('the history of mankind'), 여성만을 도드라지게 표기(여공에
서 여사장까지)함으로써 여성만을 '차이'의 존재로 각인한다. 이
런 세계에서 여성의 지위는 남성의 지위를 통해 결정되지만 그
역은 성립하지 않는다.

여자란 어떤 존재인가에 대한 담론에 가장 열렬한 관심을 보
였던 프로이트에서 라캉에 이르기까지 이른바 정신분석의 '아버
지들'은, 여성은 남성이 방축한 주체의 잔여물이며 자기에게 없
는 것을 선망하는 모순 안에 있다며 여성에게 사회적이고 상징
적인 의미를 부여하는 것을 보류해 왔다. 이때 남근은 성차를 구
성하는 열쇳말이자 대체 불가능한 생물학적 물질성을 지닌 것
으로 등극했다. 또한 괴테를 비롯한 문학과 예술의 대가들은 자

신들의 펜과 붓을 위한 여성들의 존재를 숭배하며 자신을 구원했다고 상찬했다. 하지만 이들은 결코 그 여성들이 스스로 자기 자신을 구원할 수 있게 놓아 두지 않고 여성성을 영원 속에 가두어 여성의 시간과 경험을 앗아 갔다. 정치경제학과 철학, 종교의 사상가들은 종종 여성성을 상징 질서 안에 편입되지 못한 잉여이자 곧 문화와 문명이 아닌 모든 것, 국가와 공동체의 외부자이자 추문의 주인공, 남성에게 금지된 것이라 믿어지는 모든 것의 자리, 이른바 타자의 자리로 지칭해 왔다.

그러나 이 글에서는 새삼스럽게 여성성에 대한 이러한 오랜 혐오 발화들을 되짚어서 심문하려는 것은 아니다. 이에 대항하여 남성성에 대한 새로운 혐오 목록들을 만드는 것 역시 이 글의 관심사가 아니다. 또한 이러한 여성성에 대한 정의들은 여성이란 없다거나 여성이 무엇인지 도통 모르겠다는 얘기에 지나지 않는다고 반박을 하려는 것도 아니다. 오히려 이러한 담론들을 통해 알 수 있는 것은 여성성에 대해 남자 화자들이 하는 말 속에는 정작 여자가 없다는 것이다. 아도르노(Theodor W. Adorno)는 이를 간파하여 "본능에 근거한다는 모든 유(類)의 여성성이란 항상 모든 여성이 폭력적으로 강요당해야만 했던 것"이며, 그런 의미에서 "여성은 남성이다."[32]라고 한 바 있다. 아도르노의 문맥을 빌려 다시 쓰자면 지배와 보편과 동일시되는 모든 종

---

32) 테오도르 아도르노, 《한줌의 도덕》, 최문규 옮김, 솔, 2000, 136쪽.

류의 남성성에 동일시하지 않는 남성들은 곧 남자가 아닌 존재, 곧 여자가 된다. 그렇다면, 지배와 보편에 동일시할 수 있는 자격이 없었던 식민지 남성성은 여성성인가라는 질문도 가능해진다.

식민지 남성성의 위치

근대 전환기의 조선 – 식민지조선 – 한국에 이르기까지, 한국 남자에게 남자가 된다는 것은 어떤 의미였을까. 예전에 한 예능 프로그램에서 '남자는 ○○다'라는 문장을 완성하는 빈칸에 출연진들이 아무 말이나 넣고 킬킬거리는 장면을 본 적이 있다. 아무 말이나 넣어도 상관없다는 건, 남자는 언제나 보편적 존재라는 걸 의미한다. 무엇이든 될 수 있었기 때문에 아무것도 아니어도 남자이기만 해도 된다. 남자는 언제나 인류를 대표했고, 가족을 먹여 살리는 존재였으며, 역사의 주인이었다. 하지만 여자는 남자에 의해 대표되어 가족 안에서 남자를 위해 살거나, 그렇지 않으면 성적 차이를 앞세운 멸칭(蔑稱)인 ○○녀니, 여류니하는 이름으로 불렸다. 남자는 보편이었고, 여자만이 차이였다. 1948년 유엔에서 발표한 〈세계인권선언〉에는 남자 '형제'가 인류의 평등을 대표하는 존재로 등장한다. 남자가 보편인 이유 또한 이 선언문에 고스란히 담겨 있다. 제23조 3항과 제25조 1항에서는 임금 노동자를 남성으로 한정하는 표현('himself and his family')을 사용하고 있다.[33]

하지만 식민지의 남자들은 보편이 될 수 없었다. 우리는 식민지 시기를 살았던 당대의 남성 지식인들을 창백한 피부에 밭은 기침을 토해내는 '폐병쟁이'(아픈 남자)의 이미지로 기억한다. 피식민지의 조선 남성들은 우선 말을 버리고, 이름을 바꾸고, 제국의 전쟁에 참전할 때에야 비로소 자신의 남성적 신체를 과시할 수 있는 자격을 얻을 수 있었다. 이들은 나라를 잃은 수치심에 자기를 혐오하거나, 식민 지배자를 동경한 나머지 자기 자신을 잃었다. 역사의 주인은커녕 시름시름 앓으며 가족들에 아픈 몸을 의탁하다가 이른 죽음을 맞이했다. 식민지 남자라는 조건은 보편이 되기 위해 동일시할 수 있는 대상도 없었고, 여성을 타자화함으로써 위치를 확보할 수 있는 자원도 없었다. 정희진은 서구의 제국주의 남성성은 정상적인 국민국가 성립 전후에 진행된 것으로 생계 부양자-보호자 남성 모델에 따라 여성을 보호 대상으로 인식하지만, 제3세계 식민지 남성성은 다양한 식민 상황으로 인해 자기 그룹 여성의 섹슈얼리티와 노동을 지배 계급에게 '제공'함으로써 살아남는다고 설명한다.[34] 식민지 남성성은 여성의 위치를 타자화할 수 없는 상황에서 스스로 여성의 위치를 점유하여 자신의 위치를 피해자로 정한 후, 피식민지 여자

33) 세계인권선언문 전문은 http://www.un.org/en/universal-declaration-human-rights/ 참조.
34) 정희진, '편재(遍在)하는 남성성, 편재(偏在)하는 남성성', 《남성성과 젠더》, 2011, 자음과모음, 25쪽.

들을 피식민지 남자들을 위한 '자원'으로 만든다. 한국의 식민지 남성성은 피해자이자 약자로서 위치를 점유하며 자신을 '여자만도 못한 존재'라고 자기 비하를 일삼는 습관이 있다. 여자에게 기생한다며 처지를 비관하는 피식민지 남자는 남자가 아닌 자, 즉 여자가 된다. 이때 이중으로 비하되는 것은 자기 자신이 아니라 여자이다. 여자의 목소리를 빌려 "아아 님은 갔습니다."라고 노래하면서 식민 상황에 놓인 남성들의 곤경을 숨기는 모습은 식민지 남성성의 핵심적 표상이다. 식민지 남성성은 자신을 여성화함으로써 식민주의자 남자들과의 싸움에서 패배했다는 점을 부인하고, 여성이라는 정체성 자체를 결핍으로 정의하는 것이다.

하지만 여성성을 계속 이렇게 타자화의 은유로 부르고, 식민지 남성성을 남자 되기의 실패로 부른다면 우리는 다시 젠더 이분법의 세계에 빠지고 만다. 그것도 제국-식민의 역사를 성별 위계를 통해 재편하는 식민 지배자의 논리 구조를 그대로 답습하게 된다. 하지만 식민지 남성성을 남성성의 이름으로 다시 부를 수 있는 방법이 있다. 그것은 남성성을 보편이 아니라 차이로 부르는 것이다.

젠더 연구로서 남성성 분석하기

지금까지 젠더는 곧 여성을 가리켰다. 젠더는 성별이라는 차이를 이해하는 개념이었지만 한편으로는 곧 여성 자체를 의미하기도 했다. 젠더 스터디(gender studies)는 종종 여성학으로 번역되었으며, 여성가족부의 영어 명칭은 'Ministry of Gender Equality and Family'다. 그렇다면 남자 역시 젠더화된 존재로 지칭될 수 있다. 남자를 젠더로 지칭한다는 것은 남성이 지금까지 누려 온 인식론적 특권을 버리는 것, 남성을 보편이 아니라 '차이'로서 인식하는 것이다. 지금까지 젠더 연구로서 남성성 연구는 보편으로서 남성의 특권적 지위가 무엇인지를 서술하는 것이 아니라, 남성이 왜 어떻게 보편자의 자리를 배정받게 되었으며, 집단으로서 남성성을 개별 남성들이 어떻게 협상하고 수용했으며, 어떻게 일탈과 저항을 해 왔는지에 관심을 두어 왔다. 젠더라는 분석 범주를 사용하여 '남자'의 의미로 지칭되고 사용되던 문법의 규칙들과 문화적 코드를 해석하는 것이다. 예를 들어 남자다움이란 위험을 선호하고, 공적이고 정치적인 의제 설정을 통해 위기를 관리하며, 공동체에 책임을 지려 하는 것이라는 하비 맨스필드(Harvey Mansfield)의 주장[35]은 사실에 근거한 것이 아니라 소망을 반영한 것에 불과하다. 이런 담론에 내재된 또 다른 문제는 서구 제국주의 백인 성인 남성의 특권적 입장만을 반영하고 있다는 점이다. 기존의 남성성은 신체의 차이로서 체현(embodied)되고 획득되는 것이 아니라, 보편적이고 추상적인 인간으로서 자기 인식을 거쳐 구성된다고 인식되었다. 하지

---

35) 하비 맨스필드, 《남자다움에 관하여》, 이광조 옮김, 2010, 이후.

만 마거릿 미드(Margaret Mead) 같은 인류학자들은 관찰을 통해 남자다움에 대한 사회적 역할 부여는 모든 인류의 보편적인 문화에서 등장하는 것이 아니고, 그 정도와 수준이 사회마다 다르게 나타난다는 점을 지적한다.[36]

남자다움에 대한 이상들은 시공간적 맥락에 따라 변화할 뿐만 아니라, 누가 왜 언제 남자다움의 이상을 어떤 방식으로 원하는가에 따라서도 달라진다. 그러나 남성성을 폭력과 지배와 등가로 이해하는 연구들은 언제나 그 시대의 가장 지배적인 가치를 곧 남성성으로 이해한다. 박노자는 한국의 근대 계몽기 남성성 형성 과정에서 학교와 군대를 통해 근대적 제도에 적합한 몸으로서 남성적 신체가 만들어지는 시공간적 맥락을 보여주고 있다. 이는 한국적 남성성 특유의 형성 과정을 보여준다는 점에서 의의가 있으나, 국민국가와의 관계에서 민족 전사, 태극 전사, 수출 전사가 되어 씩씩한 남자가 되어 갔다는 분석[37]은 1997년 금융 위기 이후의 남성성을 전혀 설명하지 못한다. 즉, 박노자와 맨스필드의 연구에서는 남성성이 형성되고 호명되는 방식, 즉 국가/민족/공동체의 일반 시민으로서 보편적 개인이 어떻게 상상되고 실천되는지를 가장 중요한 연구 주제로 삼기 때문에 다양한 남성성의 경합 과정에서 탈락하거나 아예 경기장에 서지

---

36) 마거릿 미드, 《사모아의 청소년》, 박자영 옮김, 한길사, 2008.
37) 박노자, 《씩씩한 남자 만들기-한국의 이상적 남성성의 역사를 파헤치다》, 푸른역사, 2009.

않은 다른 남성성들의 이름과 양상을 떠올리기 어렵다.

'다른' 남성성'들', 즉 차이로서 남성에 대한 논의를 하려면 누가 남자인지, 남자의 의미는 어떻게 결정되는지, 동일시는 어떻게 이루어지는지, 동일시의 위치는 어디인지를 질문해야 한다. 그런 점에서 프랑스의 '해외 영토'인 마르티니크 섬에서 태어나 알제리에서 활동한 프란츠 파농(Frantz Fanon)의 작업은 식민지 남성성 연구에 중요한 참조점이 될 수 있다. 정신과 의사였던 파농은 피식민지인들이 식민 지배자들을 이상화하고 자신을 스스로 타자화하는 자기 분열 양상에 주목했다. 자기가 누구인지를 알 수 없으면 동일시도 불가능하다. 단언컨대, 동일성과 보편성의 세계에서 남자 대표 선수를 뽑는 헤게모니적 남성성의 경기장에서 자기 분열 없이 서 있을 수 있는 한국 남자는 단 한 명도 없다. 이것이 이 글에서 남자가 될 수 없다고 배척되었던 집단들이 스스로 남자라 여기거나 남자임을 행세하고 다니는 모습과, 여성이 생각하는 이상적 남성상과 남자들이 생각하는 이상의 괴리, 당대의 헤게모니적 남성성(제국의 남성)과 동일시에 실패한 '아픈 남자'들의 우정과 사랑에 주목한 이유이다.

한국 남자의 남성성들을 위해

이 글에서 나는 근대 전환기를 살았던 식민지 조선의 남자들이 근대의 시작과 함께 등장한 남자다움이라는 성 역할을 수행하는 것이 불가능했는데도 불구하고, 여성성을 타자화하는 것이 어떻게 가능했는지 추적하고자 했다. 이들은 식민지에서 남성 젠더로 살아가는 모순을 돌파하기 위해 식민지라는 조건을 지우고 제국의 남성들과 동일시하거나 식민지 여성의 성과 노동을 착취하면서 그 뒤에 숨었다. 이 과정에서 지배는 곧 남성성과 동일시되고 피지배는 곧 여성성이 되었다. 식민지 남성성은 타자화된 여성성이라는 위치를 점유하면서 여성의 목소리를 빌려 말하면서도 여성의 구체적인 실존을 지운 셈이다. 많은 한국 남자들은 여자들이 조금만 자기 목소리를 내도 남자의 기(氣)를 죽인다고 하고, 가사 노동을 분담하자고 하면 아내 등쌀에 살 수가 없다고 한다. 이렇게 약해도 되는 것일까 싶을 정도다. 하지만 식민지 남성성이 식민화 자체의 젠더 은유 속으로 포섭되는 한, 남성성 자체가 여성 타자화의 기제로 구성되는 한 남성성 자체는 훼손되지 않는다. 남성성이 도전받기 위해서는 남성성 내부의 이질적인 차이들이 드러나야만 한다. 그런 점에서 이 글의 또 다른 목적은 식민지 남성성에 적응하지 못한 남자의 위치를 드러내는 것이다. 남성들 특유의 집단 문화에 적응하지 못하는 '루저, 외톨이, 너드, 공부벌레, 괴짜들, 끼순이'들은 오랫동안 내 친구들이었고, 아끼는 제자들이었으며, 페미니스트 동료이자 선생이었으며, 낯설고 불편하지만 재미있는 재주꾼들이었다. 하지만 한국 남자에 대한 분노로 날이 설 때마다 이들이 갑자기 다 사라져버린 것처럼 느껴진다. 폭력과 남자 자체를 연결해 정상으로 만들려는 인식론에 저항하는 이들은 어느새 미성숙한 부적응자가 되거나 어디에도 존재할 수 없었다. 그래서 나는 근대 전환기로 돌아가 이들이 존재할 수 있는 틈새 공간(in-between spaces)을 찾아보고자 했다. 남자와 여자라는 정체성이 안정되지 않은 영역에서 근대의 젠더 문법이 수행되는 상황이 드러나는 곳 말이다. 그 결과 남자와 남자의 사랑, 여성에게 빚진 남성의 위치에 대한 감각 등에서 가능성을 엿보았다. 나는 식민지 남성성을 근대에 도달하지 못했던 미완의 서사 혹은 정복당한 영토에 자기를 동일시하면서 파열되고 박제되어버린 비운의 그 무엇으로 읽는 것을 넘어, 근대 초의 남자들이 동성 사회성과 동성애를 구분하지 않고, 여성에게 빚진 자신의 위치를 적어도 선연하게 감각하고 있었던 순간들을 기록하고 싶었다. 이 과정들은 근대의 시작과 함께 시작된 젠더 규범과 불화하던 수행적 과정으로 다시 읽을 수 있고, 그래야 한다고 생각한다. 보편적인 남성 일반의 지위는 성차화된 특수한 존재로서 남자'들'로 분화되어야 한다. 아니, 차라리 한국의 역사적 상황과 문화적 조건에서는 어떤 남성도 보편자의 위치에 있을 수 없다고 말하는 편이 옳다. 이들이 '지배적 남성'의 세계에서 낄 자리를 찾지 못하고 여자들에게 울분을 푸는 일을 역사적으로 반복하지 않기 위해서라도, 남성과 여성으로 이분화된 젠더 문법 규칙에서 설명되지 않는 이들이 존재할 수 있는 해석의 공간이 열려야 한다.

하지만 쉽지 않을 것이다. 지금까지 우리는 근대를 평등의 기획이자 동일성의 원리로 주로 이해해 왔다. 한국 사회에서 남성들의 폭력과 혐오 행위들은 정상적인 남성 문화로 간주된다. 하지만 정말 그럴까. 모든 남자의 폭력이 사회적으로 인정되는 건 아니다. 때릴 수 있는 권리는 보편적인 인간의 권리, 남성의 권리가 아니라 남성 중심의 가족 제도에서만 보장되는 남편의 권리이다.[38] 아버지와 남편의 자리에서 남자로 이동하는 일은 퇴행이 아니어도 가능하고, 퇴행은 반드시 여성 혐오적이지 않을 수 있다. 한국 남자들은 웬디와 우정을 나누는 피터팬이 되기보다는 〈아메리칸 파이〉의 지미나 케빈이 되고 싶어 한다. 하지만 피터팬은 웬디와 함께 성인 남성이 구축한 폭력의 세계를 함께 부수는 존재이기도 하다.

누구와 동일시할 것인가. 누구와 함께 무엇을 할 것인가의 내용은 완전히 다시 쓰여야 한다. 그런 의미에서 평등의 기획이었던 근대는 차이들을 만들어내는 시공간으로서 다시 이해되어야 할 필요가 있다. 남자들 간의 차이를 드러낼 수 있는 움직임들은 해러웨이(Donna J. Haraway)의 표현을 빌린다면, "세계 속에 차이를 낳으려는 노력"[39]이다. 젠더를 끊임없이 이분법적으로 사용하는 것은 우리를 평등하게 하지도 못했고, 자유롭게 하지도 못했다. 더구나 그 결과 한국 남자들은 끊임없이 보편의 위치와 동일시할 수 없는 처지를 한탄하고, 자신의 남성성을 확인

---

38) 정희진, 《아주 친밀한 폭력》, 교양인, 2016, 109쪽.

하기 위해 외부 생식기의 기능에 집착하며, 자신들을 탈식민화하는 게 아니라 여성들을 식민화함으로써 정신 승리를 유지하고 있다. 이것을 정상적이고 보편적인 남성 문화로 승인하는 순간, 남자들 간의 차이는 사라져버린다. 남자들 간의 차이가 드러날 수 있어야만 다시 지배적 남성성을 획득하려는 불가능한 기획이 반복 수렴되는 무한 루프를 멈출 수 있다. 그래야만 식민지 남성성은 여성성이 아니라 남자의 남성성들 중 하나가 될 수 있고, 이때 비로소 탈식민의 가능성이 열릴 수 있다.

---

39) 해러웨이는 지금까지 반영성(reflexivity)이 비판적 실천으로 추천되었으나, 반영성은 반사처럼 동일한 것을 다른 곳으로 환치할 뿐이며 이는 복제와 원본에 관한 근심과 믿을 만한 것과 정말로 실재하는 것에 관한 탐색 문제를 만든다고 보았다. 그는 반영성 대신 회절(回折)이라는 용어가 세계 속에 차이를 낳으려는 노력을 표현하기에 적절한 광학적 은유라고 제안했다. 자세한 내용은 다나 J. 해러웨이, 민경숙 옮김, 《겸손한 목격자—페미니즘과 기술과학》, 갈무리, 2007, 63~64쪽 참조.

남성 신체의
근대적 발명[1)]

루인 | 트랜스/젠더/퀴어연구소와 한국퀴어아카이브 퀴어
락에서 공부하고 있다. 트랜스젠더퀴어 인식론을 모색하
고 그 정치학으로 역사와 문화를 다시 쓰고 있다. 《젠더의
채널을 돌려라》, 《남성성과 젠더》, 《성의 정치 성의 권리》,
《여성 혐오가 어쨌다구?》를 함께 썼고, 《트랜스젠더의 역
사: 미국 트랜스젠더 운동의 이론, 역사, 정치》를 함께 번
역했으며, "Discussing Transnormativities through
Transfeminism: Fifth Note" 등의 글을 썼다. 그 밖에
지금까지 쓴 모든 글은 www.runtoruin.com에서 확인할
수 있다. 나의 고양이 리카, 바람, 보리에게 특별한 사랑을
전한다. runtoruin@gmail.com

9년 전 '성 주체성 장애' 판정을 받고 병역이 면제된 '비수술 트랜스젠더(성전환자)'가 최근 서울지방병무청으로부터 병역 면제 취소 처분을 받았다. 과거 병역 기피 행위가 있었고, 현재 '외형적'으로 여성화를 증명할 수 없다는 이유에서다.[2]

　2014년 6월 병무청은 9년 전 병역 면제 처분을 했던 ㄱ씨에게 병역 면제 취소를 통보했다. ㄱ씨는 2002년부터 mtf(male-to-female, 남성에서 여성으로)/트랜스여성 관련 의료적 조치를 꾸준히 진행했고 안면 '여성화' 수술을 했지만, 병역 면제 처분을 받은 뒤에도 외부 성기 재구성 수술은 하지 않았다. 병무청은 병역

1) 이 글은 권김현영이 엮은 책 《남성성과 젠더》(자음과모음, 2011)에 실린 글 "의료 기술 기획과 근대적 남성성의 발명"을 현재 상황에 맞춰 일부 수정한 판본이다. 제목과 서론, 결론 부분은 상당히 수정했으며 본문은 부분적으로만 수정했다.
2) 최우리, "트랜스젠더라고 '면제 판정' 해놓고 병무청, 9년 뒤 다시 '군대 가라'", 〈한겨레〉, 2014년 7월 29일.

기피 사건을 조사하던 중 ㄱ씨가 외부 성기 재구성 수술을 하지 않은 점을 문제 삼았다. 병무청은 ㄱ씨가 병역을 기피할 목적으로 호르몬 투여를 했고 트랜스젠더로 정신과 진단('성 주체성 장애')을 받았다고 판단했다. 외부 성기 재구성 수술을 하지 않았으니 ㄱ씨의 '외형적 여성화'를 증명할 수 없고 따라서 ㄱ씨가 실제로는 비트랜스남성인데 병역을 기피할 목적으로 mtf/트랜스여성인 척했다는 것이 병무청의 주장이었다.

병무청이 ㄱ씨를 트랜스젠더가 아니라 병역 기피자로 판단한 근거는 외부 성기 재구성 수술 여부, 즉 음경 유무였다. ㄱ씨는 정신과에서 '성 주체성 장애' 진단을 받았고 정신과의 판단에 따르면 ㄱ씨는 트랜스젠더라고 할 수 있다. 하지만 외부 성기 재구성 수술은 하지 않았다. 트랜스젠더란 천상 여자, 여자보다 더 예쁜 존재라고 이해하는 한국 사회에서 ㄱ씨의 몸은 문제가 될 수 있다. 트랜스젠더, 특히 mtf/트랜스여성이라면서 왜 음경 절제 수술을 하지 않았는가? ㄱ씨는 정말 트랜스젠더, 혹은 mtf/트랜스여성이 맞는가? 물론 ㄱ씨가 외부 성기 재구성 수술을 하지 않았던 것은 어머니의 극심한 반대가 큰 이유였지만 병무청은 이런 이유를 고려하지 않았다. ㄱ씨에게 음경으로 부를 법한 외성기 기관이 존재한다는 사실이 중요했다.

트랜스젠더퀴어, 더 정확하게는 mtf/트랜스여성에게 외부 성기 재구성 수술 혹은 음경 절제 수술을 강력하게 요구하는 것은 병무청만의 태도나 입장이 아니다. 현재 한국에는 트랜스젠더퀴어의 호적상 성별 정정 관련 법과 제도가 존재하지 않는다. 그 래서 대법원은 이 상황을 보완하기 위해 2006년 9월 '성전환자 의 성별 정정 허가 신청 사건 등 사무 처리 지침'을 만들었고, 각 지방법원은 호적상 성별 정정 사건을 다룰 때 사무 처리 지침을 참고하고 있다. 사무 처리 지침에 따르면 호적상 성별 정정을 원 하는 이는 외부 성기 재구성 수술을 해야 한다. 즉 여성으로 호 적상 성별을 바꾸고 싶다면 음경을 절제해야 하고 남성으로 성 별을 바꾸고 싶다면 음경으로 보이는 기관을 만들어야 한다. 비 록 대법원은 사무 처리 지침에는 법적 강제력이 없다고 주장했 지만 각 지방법원은 호적상 성별 정정을 결정해야 할 때 바로 이 지침을 근거로 삼곤 한다. 그리하여 트랜스젠더퀴어를 판단하는 데 외부 성기의 형태, 단지 외부 성기가 아니라 음경의 유무는 매우 중요한 역할을 한다. 병무청의 판단은 뜬금없거나 갑작스 러운 것이 아니라 대법원의 사무 처리 지침에 나타난 판단을 공 유한 것이다. 음경이 있다면 여성이 아니고, 여성이라면 음경이 있을 수 없고, 음경을 절제하지 않았다면 진정한 mtf/트랜스여 성이라고 할 수 없다는 젠더/몸 규범 말이다.

트랜스젠더의 몸 이미지와 젠더 정체성의 정치학은 바로 이 음경 유무와 분리해서 사유하기 힘든 측면이 있다. 2017년 2월 청주지방법원 영동지원은 mtf/트랜스여성이 외부 성기 재구성 수술을 하지 않았는데도 호적상 성별 정정을 허가하는 판결을 했다.[3] ftm(female-to-male, 여성에서 남성으로)/트랜스남성이 외부 성기 재구성 수술을 하지 않은 상태에서 호적상 성별 정정을 허가받은 결정은 2013년에 나왔지만 mtf/트랜스여성은 2017년이 처음이다. 외부 성기의 형태로 젠더를 결정하지 않고 판단하지 않겠다는 법원의 판결은 환영할 일이지만 이 판결을 보도한 기사에 달린 댓글의 반응은 여전히 외부 성기를 중시하고 있다. 포털 사이트 '다음'의 해당 기사에 달린 댓글[4] 중 베스트에 해당하는 내용은 모두 이 결정에 부정적이고 판사가 나라를 망친다고 개탄하는 내용으로 가득하다. 그중 가장 많은 추천을 받은 댓글은 "목욕탕은 남탕, 여탕 중 어디로 들어갈 건데? 이것도 확실히 하자."라고 말한다. 이 댓글에 담긴 의미는 많으며 이 댓글 하나로 여러 편의 글과 논쟁을 벌일 수 있지만, 이 글의 주제와 연결해서 한 가지만 말하자면 외부 성기 형태가 음경인가 아닌가가 남성과 여성을 결정한다는 것이다. 즉 음경이 있는데도 호적상 여성으로 결정되어 여성으로 산다면, 목욕탕은 어디로 갈 것이냐, 이것은 엄청난 사회적 혼란을 야기할 것이라는 우려다.

자신을 여성으로 인식하는데도 음경이 있다는 이유로 병역 면제 처분을 취소하는 병무청의 결정, 호적상 성별을 바꾸려면 외부 성기 재구성 수술을 해야 한다고 믿는 대법원의 상상력, 그리고 외부 성기 재구성 수술을 하지 않은 mtf/트랜스여성의 호적

---

3) 고한솔, "법원, '남→여' 성기수술 안 한 성전환자 성별 정정 첫 허가", 〈한겨레〉, 2017년 2월 16일.
4) http://v.media.daum.net/v/20170216122605000

상 성별 정정 허가에 반발하는 댓글 모두 남성의 몸, 남성성을 사유하는 데서 공통점이 있다. 이 글은 바로 이 지점, 음경과 남성, 남성성의 관계를 질문하는 것을 목표로 삼는다. 생물학적으로 타고나며 변하지 않는다고 믿는 신체와 남성성은 어떤 관계인지, 음경은 남성의 몸과 남성성의 성격을 구성하는 데 어떤 역할을 하는지를 탐문하고자 한다. 이를 위해 먼저 근대 유럽에서 외과 의료 기술을 통해 남성성이 구성되는 방식을 살피고, 음경과 남성 몸 되기의 긴밀한 관계를 인터섹스의 경험으로 탐구하겠다. 이 작업을 바탕으로 해서 한국 사회에서 입영 통지서, 병역을 위한 신체 검사가 음경/몸과 어떤 관계를 맺고 있으며 이것이 남성성을 구성하는 데서 어떤 역할을 하는지 탐문할 것이다. 이 글은 역사와 다양한 의료 행위를 계속해서 언급하겠지만, 이 글을 통해 말하고 싶은 바는 간단하다. 생물학적 기관이라 불리는 음경과 남성 신체, 남성성의 관계는 우발적이고 임의적이며 강제적이란 점이다.

근대 외과 의학의 발달과 남성성 규범 형성

섹스와 젠더라는 구분 공식, 즉 섹스를 생물학적으로 타고난 성으로 설명하고 젠더를 사회문화적으로 구성되는 성으로 설명하는 방식은 비교적 최근에 나타났다. 1950년대 인터섹스 (intersex) 전문의를 자처한 존 머니(John Money)가 젠더 역할이 개인의 젠더 정체성 형성에 중요한 영향을 끼친다고 주장하며 섹스와 젠더를 구분하자고 제안한 것이 그 발단 중 하나다. 하지만 이렇게 주장할 수 있었던 인식론적 토대는 1700년대로 거슬러 올라간다. 미디어 연구자 줄리 도일(Julie Doyle)의 분석에 따르면, 1750년대부터 1850년대에 이르는 시기는 의학의 지배적 지위가 내과 의학에서 외과 의학으로 옮겨 가는 시기이자 근대적 의미의 섹스-젠더와 규범적 몸 이미지가 '발명'된 시기이다.

1700년대 중반까지 유럽, 특히 영국에서 의학이라는 과학적 학문은 내과 의학만을 지칭했다. 당시 내과 의사는 귀족 자제로서 왕립 학교를 졸업하고 상당한 재산이 있는 남성에게만 허가된 직종이었다. 반면 외과 의사는 "내과 의사보다 지위가 열등한 공적 혐오 대상"[5]이었다. 1163년 투르 종교회의의 결정에 따라 의사직을 겸한 성직자들은 외과 기술을 다룰 수 없었고 이발사, 목욕탕 주인 같은 이들이 외과 의료 행위를 담당했다.[6] 1700년대에 외과 의술은 과학이 아니라 도제살이를 통해 전수받은 매뉴얼을 따라 하는 기술이었다. 아울러 타인의 피부와 접촉해야 한다는 점에서 외과 의료 행위는 불결한 일이었고 따라서 상류층 신분의 고결한 남성이 할 일은 아니라고 여겨졌다.

이런 인식은 질병을 이해하는 방식과 관련 있다. 18세기 당시

---

5) Julie Doyle, *The Spectre of the Scalpel: The Historical Role of Surgery and Anatomy in Conceptions of Embodiment*, Body & Society 14.1, 2008, p. 10.
6) 이재담, 《서양의학의 역사》, 살림, 2007, 22쪽.

에는 질병이 몸의 특정 부위에 고정되어 있는 것이 아니라 몸속에서 무질서하게 돌아다니는 것으로 이해했다.[7] 환부가 몸의 특정 부위에 있지 않고 몸 자체가 환부이므로 의사와 환자는 접촉할 필요가 없었다. 환자가 증상을 구술하면 (내과) 의사는 징후를 진단하고 처방했다. 내과 의사의 치료 행위가 점잖고 청결한 이미지였다면 외과 의사의 치료 행위는 거칠고 강압적이란 점에서 당시의 규범적 남성성인 공손함과 고결함은 내과 의사의 특징이자 속성이기도 했다.

르네상스와 종교개혁을 거치면서 섹스-젠더는 중요한 의제가 되었다. 여성/남성이란 범주는 더욱 견고한 경계를 형성했고 성 윤리는 상당히 엄격해지면서 남성은 이성애-재생산을 목적으로 하는 성관계가 아닌 모든 종류의 성적 행위와 욕망을 억압하고, 타인과의 신체 접촉을 피하도록 했다.[8] 신체 접촉 금지가 여성과의 이성애적 관계만이 아니라 남성과의 접촉에도 적용된 것은, 반동성애 분위기 혹은 비이성애를 금지하는 분위기에서 기인한다. 동성애나 자위 행위 같은 비이성애 실천은 인구 재생산과 무관하다는 점에서 생산성 없고 무절제하고 추악한 이미지로 그려졌고[9] 이런 이유로 남성 간의 친밀감 표현도 금지되었다.

7) Julie Doyle, 앞의 글, p. 14.
8) 이성애, 이성애주의와 관련한 또 다른 설명은, 한채윤, "벽장 비우기: 레즈비언 섹슈얼리티와 이성애주의", 《섹슈얼리티 강의, 두 번째: 쾌락, 폭력, 재현의 정치학》, 변혜정 엮음, 동녘, 2006을 참고할 수 있다.

물론 남성 간의 애절한 우정을 찬미하던 시기도 있었다. 하지만 비이성애를 금하던 분위기에서 남성 간의 우정은 성적 뉘앙스를 삭제하여 무성적 형태로 재가공되거나 금기로 유통되었다. 성적인 것을 암시하는 신체 접촉은 일절 금지되었고 조화와 절제를 중시하는 것이 곧 남성성의 핵심이자 고결함과 공손함의 핵심이 되었다. 내과 의사의 진단 방식은 고결함을 재현하는 실례(實例)였다.

이런 상황에서 외과 의사는 자신의 지위를 드높이기 위해 꾸준히 노력했다. 기술자에서 과학자로, 천한 지위에서 고귀한 지위로 사회적 위치/의미를 바꾸기 위해 학교를 설립하고, 외과 의학은 과학이라고 주장했다. 이 주장은 18세기 후반에서 19세기 초반 사이에 서서히 받아들여지는데, 이는 그 시대의 사회 전반에 걸친 변화와 밀접하다. 그리고 이 시기의 변화는 현대 사회의 섹스-젠더와 근대적 남성성을 이해하는 데 중요한 단서를 제공한다.

우선 당시 몸과 정신의 관계는 열등한 몸과 초월적 정신이라는 데카르트 이분법에 영향을 받고 있었다. '우월한 정신에 종속되는 몸'이라는 근대 철학의 핵심 인식론은 몸을 대하는 태도를 바꾸는 데 상당한 영향을 끼쳤다. 비록 당시의 성 윤리에 따

---

9) 조지 모스, 《내셔널리즘과 섹슈얼리티》, 서강여성문학회 옮김, 소명출판사, 2004, 55, 56쪽.

라 피부 표면 간의 접촉은 오염을 유발하는 성적 죄악이기에 피해야 했지만, 몸 자체는 "분해와 조립이 가능한 하나의 기계"[10]였다. 이러한 인식은 해부학 실험과 외과 기술을 달리 보게 하는 데 중요한 역할을 했다. 이전까지 몸을 해부하고 절단하는 행위는 영혼의 훼손이라는 점에서 심각한 모독이었다. 해부학자와 외과 의사는 해부학 실험을 하기 위해 시체를 도굴했는데, 도굴은 단순한 시체 훼손이 아니라 영혼 훼손이라는 점에서 범죄 행위였다. 하지만 정신과 몸의 분리, 정신에 종속될 뿐 영향을 끼치지는 않는 몸이라는 초월적 주체 개념이 사회의 주요 이해 방식이 되면서, 시체 훼손이 영혼을 훼손하는 행위이거나 모독은 아니라고 인식하게 되었다.

정신과 몸의 분리라는 근대 인식론은 인간 중심의 과학을 학문으로 내세우기 시작한 르네상스 이후 핵심 인식론이 된다. 종교의 시대는 신이 세계를 해석하는 시대였다. 성직자의 해석은 신의 명령으로 이해되었고, 종교적 파문이 가장 치명적인 형벌일 정도로 신의 시각과 신의 대리인을 자처하는 성직자의 권위는 절대적이었다. 하지만 르네상스를 거치며 세계를 해석하는 주체가 신에서 인간으로 바뀌고, 인간의 눈으로 세계를 보고 해석하면서 세계를 '보는' 인간(정확하게는 특정 조건의 '남성')의 시각 경험은 절대적 지위를 차지하게 되었다. 시각 경험이 중요해

---

10) 강신익, 《몸의 역사: 의학은 몸을 어떻게 바라보았나》, 살림, 2007, 6쪽.

지면서 원근법으로 세계를 표현하고 좌표를 통해 거리를 측정하기 시작했다. 아울러 시각 경험이 사물을 있는 그대로 관찰하는 척도가 되면서 '사실'은 시각 경험에 종속되었다. 보이는 것은 믿어야 하는 '사실'이 되었고 '사실'은 보이는 것이어야 했다. 그리고 이것은 질병을 달리 이해하도록 했다. 무질서해서 위치가 없고 오직 내과 의사의 머릿속에서만 파악할 수 있다던 병터(病巢)가 좌표점을 '획득'하면서 병은 몸의 특정 부위에 위치하는 것으로 이해되었다. 비록 질병은 신의 징벌이라는 인식이 남아 있었고 지금도 이런 인식이 상당하지만('내가 무슨 잘못을 해서 이런 병에 걸렸나'), 좌표점을 획득한 질병은 몸과 분리되었다. 피부를 절개하고 적절히 해부하면 병의 모습과 진행 상태를 볼 수 있다고 믿게 되면서 외과 의학과 해부학은 '새로운' 세계관을 대표하는 과학으로 변모했다.

또한 도제 제도를 통해 매뉴얼을 따라 할 뿐이라며 천대받던 외과 의학은 바로 이 매뉴얼을 통해 좀 더 용이하게 과학으로 변모했다. 이것은 당시 과학적 방법론의 변화를 뜻한다. 과학적 방법은 징후의 추정과 상상에서 실험과 (시각 경험에 의존하는) 관찰로 바뀌었다. 한때 이단으로 낙인찍혔던 연금술사의 화학 실험, 갈릴레오 갈릴레이의 망원경 관측, 뉴턴의 실험과 관찰 방법은 모두 가설 설정, 결과 예측, 실험 진행, 결과 관찰, 가설 검증과 고찰이라는 과정을 거친다.(혹은 이런 흐름으로 연구를 진행했다.) 이것은 일종의 매뉴얼 작성으로, 매뉴얼에 따라 실험하면 모든 곳에서 동일한 결과(즉 '보편'적 지식)를 얻을 수 있다고 가정했다. 지구 모든 곳의 낙하 속도는 동일하고, 지구 어디서나 끓는점은 동일하며, 인간 몸의 형태와 젠더/섹슈얼리티 실천 또한 동일하다는 식이다. 외과 의학의 매뉴얼은 외과 의사가 자신 이야말로 '진짜 과학자'라 주장할 수 있는 확실한 근거였다.[11]

하지만 이런 변화만으로 외과 의학이 내과 의학보다 우월한 지위를 획득할 수 있었던 것은 아니다. 이와 관련하여 도일은 18세기 후반 영국 남성성의 의미 변화가 중요한 영향을 끼쳤다고 지적한다.[12] 1500년대 전후로 중세 수백 년은 마녀 사냥의 시대였다. 이 시기에 의학 지식이 풍부하고, 치유와 치료에 능한 여성은 마녀라는 명목으로 처단되었다. 여성의 의료 실천은 악마와 결탁한 주술로 바뀌었고 여성에게 치료받는 것은 신의 뜻을 거스르며 악마에게 영혼을 파는 것과 같은 죄악이었다. 그렇기에 1518년 (내과) 의대 설립은 치료할 수 있는 권력이 귀족 남성에게 넘어갔음을 공표하는 상징적 사건이었다.[13] 빈민층은 치료를 위해 여성이나 전통 의료를 찾아야 했음에도 내과 의학은 이를 불법이자 신의 뜻에 반하는 행위로 금지했다. 상류층 남성은 치료하는 행위와 치료받는 행위를 모두 독점했다.

---

11) Julie Doyle, 앞의 글, p. 17.
12) Julie Doyle, 앞의 글, pp. 18~19.
13) Marie A. DiCowden, *The Call of the Wild Woman: Models of Healing*, Women & Therapy 26.3~4, 2003, p. 299.

내과 의학은 이런 역사적 배경을 바탕으로 해서 독점적 지위를 획득했지만 이것만이 권력을 유지할 수 있는 토대는 아니었다. 1700년대 전반 내과 의학이 상류층 지위를 누릴 수 있었고 남성다운 직업일 수 있었던 이유 중에는 공손함과 고결함과 점잖음이 남성성의 징표였음을 무시할 수 없다. 공손한, 그리하여 깔끔하다는 이미지는 내과 의사가 환자와 피부 접촉을 하지 않으며 일정한 거리를 두는 방식으로 표현되었다. 상대의 피나 골절된 뼈를 직접 만지는 외과 의사의 거친 모습과 힘은 하층 계급의 저급함을 상징하는 행위거나 교양 없는 행동이었다. 이러했던 남성성이 18세기 후반부터 공손함에서 결단력, 힘, 용기로 바뀌기 시작했다. 바뀐 남성성은 외과 의사들이 갖추어야 할 능력이었다. 이는 당시 식민주의와 제국주의, 인종 '발명', 젠더 '발명', 산업 자본주의 발달과 매우 밀접했다.

알다시피 르네상스 이후 금과 향신료를 찾아 '신세계'를 발견하겠다는 명목으로 이루어진 항해는 식민주의, 제국주의, 침략주의의 다른 표현이자 인종 차이를 발명하는 계기가 되었다. 선원들은 자신들에게 필요한 상품을 찾으려 했고, 그 상품으로 많은 이득을 남기는 데만 관심이 있었다. 따라서 이국의 문화와 원주민과 관계를 맺는 방식은 일방적이었다. 유럽 백인 '남성'이 아닌 존재는 인간이 아니거나 유럽식으로 계몽해야 할 대상이지 소통의 상대가 아니었다. 특히 영토 확장과 '자원'(금이나 은, 다이아몬드, 후추 같은 향신료, 그리고 노예일 때만 의미가 있는 인간) 채

굴 계획에 기독교 선교사를 동행하여, 침략과 살육에 종교적이고 윤리적인 정당성을 부여했다. 이 시기 유럽에선 기독교의 영향이 여전했지만, 종교와 과학이 분리되며 근대화가 진행되었고 기독교는 전근대의 상징이 되었다. 하지만 비서구 지역에서 기독교는 서구 유럽 문화와 과학적 합리성의 상징이었다. 현지의 믿음 체계 혹은 '이교'는 미신이며 기독교만이 믿을 가치가 있는 종교였다. 침략과 약탈에서 기독교는 유럽 백인의 행위에 정당성을 보장하는 윤리였다. 우월한 문화를 가진 유럽이 열등한 문화를 가진 비유럽 지역에 하느님/하나님의 뜻과 문명을 전파한다는 명목에 따라 유럽인은 자신들이 벌이는 침략을 인류를 위한 선한 행위로 믿었다. 따라서 위험한 비서구 지역에 가서 문명을 전파할 뿐만 아니라 값비싼 '상품'을 획득해서 귀향한 선원은 그리스 신화에 등장하는 영웅의 재래였다. 조지 모스가 상세히 설명하듯, 당대 남성성은 고대 그리스의 남성을 이상으로 삼았다. 그리스 남성의 비이성애적 실천과 성적 관계는 배제하고 조화와 균형, 초월적인 미(美)만을 강조했는데, 그리스의 남성적 미는 근대 국가의 상징, 민족의 전형을 이루었다.[14] 이런 관념과 선원의 귀향은 남성성의 내용을 바꾸는 데 중요한 영향을 끼쳤다. 내과 의사의 공손함은 더는 남성성의 상징일 수 없었다. 선원처럼 용기 있고 결단력이 필요한 외과 의사가 더 남자다웠다.

---

14) 조지 모스, 앞의 책, 55쪽.

아울러 외과 의사들은 이 시기의 상황을 자신들에게 유리한 방식으로 적극 활용했다. 침략 전쟁과 식민지를 외과 의술과 해부학을 실습하고 의료 기술을 발달시키는 훈련소로 이용했다.[15] 아울러 비유럽 지역의 인종은 유럽 백인과 해부학적으로 다르다는 인종해부학을 발명하여, 식민지 침략이 정당하다는 과학적·의학적 토대를 마련했다. 국민국가의 발달에 식민지가 중요했던 당대 유럽 국가는 전쟁에서 부상당한 자국의 군인을 치료하고, 침략이 인간 살해가 아니라는 과학적·윤리적 정당성을 마련해야 했기에 외과 의사와 해부학을 적극 활용했다.

(젠더화된) 인종 발명과 인종 간 해부학적 차이의 발명은 19세기 초반과 중반 아프리카 부시족 여성을 우리에 가두고 전시한 사건을 통해 구체적으로 확인할 수 있다. 흑인을 비롯한 비(非) 백인을 노예로 매매하고 비백인이나 장애인과 같이 백인 남성과 '다른' 몸을 쇼 무대에 올려 전시하던 그 시기에, 부시족 여성은 현생 인류로 진화하기 이전 단계의 인류로 전시되었다. 유럽인은 이 여성을 비유럽 지역의 '기이함', '낯섦', '미개함'의 상징으로 받아들였다. 이 여성을 구경한 유럽 백인은 이 여성이 '으르렁'거릴 뿐 언어를 사용할 줄 모른다고 이해했다. 물론 부시족 여성은 자신이 처한 상황에서 자신의 언어로 분노를 표현했다. 때로 이 여성은 의도적으로 과장된 행동을 하며 구경꾼을 놀

---

15) Julie Doyle, 앞의 글, p. 22.

래켰다. 백인은 이 여성의 의도에 따라 충실하게 반응하며 놀람에 놀람을 반복했다. 자신이 지배하는 지위라고 믿는 백인은 부시족 여성의 의도에 맞춰 놀라며 자신들의 문명에 자부심을 느꼈다. 외과 의사와 해부학자는 이 여성의 몸을 조사하고 관찰한 후 엉덩이가 과도하게 크다는 식으로 인종 차이를 발명했다. 1867년에는 이 여성의 몸에서 백인 여성에게는 없는 특이한 기관을 발견했다는 논문이 나왔는데, 사실 특이할 것 없는 기관이었다.[16] 차이를 발명하고 증명하기 위해 빈번하게 이루어지는 의료적 사기는 인종 차이를 해부학적·과학적 사실로 만드는 데 공헌했다. 기준과 규범은 백인 남성의 몸이(었으)며, 그 외의 몸은 과학적으로 '다른', 열등한 몸이 되었다.

몸의 규격화는 산업 자본주의와 상호 구성 관계를 맺으며 개개인의 몸에 좀 더 직접적인 영향을 끼쳤다. 농업 중심 사회에서 공장제 도시 산업 자본주의로 경제 체제가 변하고, 인클로저 운동으로 농민들이 도시로 몰리면서 도시의 노동 인구가 증가했다. 이에 공장은 공장 노동에 적합한 인간의 몸을 규정했다. 공장주는 가급적 저임금 혹은 무임금으로 착취할 수 있는 인력을 원했기에 공장 노동자의 상당수가 아동이었지만, 아동이건 성인이건 모든 몸이 공장에서 일할 수 있는 것은 아니(었)다. 노동할 수 있는 몸은 비장애 몸, 병들지 않은 몸, 아프지 않은 몸, 규범

---

16) Julie Doyle, 앞의 글, p. 26.

적이라고 가정하는 몸이며, (뒤에서 자세히 논하겠지만) 남성성을
체현할 수 있는 몸이었다. 특히 빅토리아 시대에 들어서며 여성
은 가사 노동자이며 여성의 공간은 가정이라는 인식, 남성은 생
계 부양자이며 남성의 공간은 공장을 비롯한 화폐 경제가 작동
하는 곳이라는 인식은 근대에 적합한 몸은 외과 의학이 보증하
는 남성의 몸이라는 인식을 견고하게 했다.

이상에서 확인할 수 있듯, 근대 외과 의학, 해부학의 발달은
남성/남성성의 변화와 긴밀하다. 남성성의 내용이 바뀌면서 내
과 의학에서 외과 의학으로 의학 내 권력 구조가 바뀌었고, 외과
의학은 이 과정에서 규범적 남성을 만들었다. 그렇다면 구체적
으로 외과 규범적 남성이란 어떤 몸일까?

외부 성기로 증명하는 남성 신체

근대화 기획의 주요 효과 중 하나는 섹스-젠더의 발명과 성차
구분이다. 토머스 라커(Thomas W. Laqueur)가 지적했듯, 근대에
들어서면서 '여성'과 '남성'의 해부학을 이해하는 방식은 "한 가
지 성 모델"에서 "두 가지 성 모델"로 변했다.[17] 즉 인간의 해부
학은 하나고 여성과 남성의 차이는 같은 기관이 반대로 뒤집힌
모습이라는 한 가지 성 모델 인식에서, 여성과 남성은 해부학 자

---

17) 토머스 월터 라커, 《섹스의 역사》, 이현정 옮김, 황금가지, 2000, 23~24쪽.

체가 다르다는 두 가지 성 모델 인식으로 변화했다. 이것은 여성과 남성이라는 섹스-젠더의 발명을 의미한다. 성차의 발명은 성 역할 구분과 공사 영역 구분이 정당하다는 주장의 근거가 된다. 남성은 (공장) 노동자나 경영자에 적합한 몸이며 여성은 가사 노동과 출산에 적합한 몸이라는 주장을 과학, 더 정확하게는 외과 의학과 해부학과 생물학을 근거로 삼아 정당하다고 말할 수 있었다. 차이를 규명하기 위한 노력은 지금도 진행 중이다. 성차와 뇌 작동의 관계를 다룬 연구는 지금도 계속해서 새로운 논문을 발표하고 있으며, 여성과 남성은 '이러이러해서 다르다'를 증명했다는 연구 관련 기사는 인터넷 포털 사이트에서 어렵지 않게 찾을 수 있다. 2007년 국내의 한 방송에서는 여성과 남성은 전두엽의 형태로 결정된다는 과학자의 주장을 매우 진지하게 소개하기도 했는데, 전두엽이 여성형 형태라면 여성으로 결정된다는 식의 이런 주장은 여성의 남성성, 남성의 여성성을 무시하고 여성성과 남성성을 본질로 만드는 기획이자 그 기획에 공모한다.

외과 의학, 내분비학과 연계된 성 과학의 발달은 크게 두 가지 경향을 띤다. 하나는 섹스-젠더에 적합한 생물학적 문화 규범을 강제하는 것이며 다른 하나는 섹스-젠더에 적합한 생물학적 기준을 만드는 것이다. 하지만 이 둘은 별개가 아니며 서로 얽혀 작동한다.

19세기 중반 본격 발달한 성 과학의 주요 역할 중 하나는 병리 현상으로서 호모 섹슈얼리티(homosexuality)라는 용어를 발명한 것이다. 호모 섹슈얼리티는 현재 동성애로 곧잘 번역되고 당시 이 용어를 만든 사람 역시 동성애를 지칭하고자 했지만, 19세기 중반부터 20세기 중반까지 서구의 맥락에서 이 용어는 현재의 동성애와 다른 범주의 의미로 사용되었다. 성 과학에서 호모 섹슈얼리티라는 용어를 의학의 진단 범주로 발명했을 때 증상에 포함되는 이들은 다음과 같다. 태어날 때 여성으로 지정받았는데 같은 젠더로 가정하는 여성을 좋아하고, 마찬가지로 남성인데 남성을 좋아하며 이성애 섹슈얼리티 규범을 실천하지 않는 이들. 태어날 때 여성으로 지정받고 여성으로 양육되었음에도 여성스럽지 않고 남성스럽거나 '남성' 복장을 선호하고, 마찬가지로 남성인데 남성스럽지 않고 여성스럽거나 '여성' 복장을 선호하여 섹스-젠더 이분법 규범을 지키지 않는 이들. 즉 호모 섹슈얼리티는 섹슈얼리티 혹은 성적 지향 이슈만이 아니라 젠더를 실천하는 방식까지 병리화하는 범주 명명이었다. 따라서 태어날 때 여성으로 인식되었다면 당연히 일평생 (이성애자 혹은 남자만을 사랑하는) 여성으로서 여성성만을 실천하고, 태어날 때 남성으로 인식되었다면 당연히 일평생 (이성애자 혹은 여자만을 사랑하는) 남성으로서 남성성만을 실천할 것이라고 가정했고 이에 부합하지 않는 존재가 호모 섹슈얼리티로 분류되었다. 이러한 인식은 해부학적으로 여성과 남성을 명확하게 분리할 수 있고 여성성이나 남성성 실천이 해부학에 따라 결정된다는 지식을 만들어, 모든 사람(여성 아니면 남성)은 태어날 때 지정된 해부학으로 여성성 혹은 남성성을 실천하는 것이 자연스럽다는 믿음을 만들려는 기획의 일환이었다.

몸의 해부학적 구조를 근거로 삼아 성차를 주장하던 의학과 생물학은 20세기 초 호르몬을 발견하며 성차를 설명하는 방식을 바꾼다. 이른바 성 호르몬이라 불리는 에스트로겐, 테스토스테론, 프로게스테론은 개인에 따라 생산되거나 생산되지 않는 호르몬은 있어도 여성이나 남성에게 배타적으로 어느 한 호르몬이 존재하는 것은 아니다. 각 호르몬이 차지하는 비중에 따라 '여성적 특질' 혹은 '남성적 특질'이라고 불리는 어떤 특질이 나타난다. 즉 에스트로겐과 프로게스테론의 비중이 상대적으로 많으면 여성적 특질이, 테스토스테론의 비중이 상대적으로 많으면 남성적 특질이 나타나는 식이다. 생화학과 분자생물학이 발달하면서 발견된 호르몬은 성차를 유동적으로 만들었다. 에스트로겐이나 테스토스테론 같은 호르몬의 차이는 절대적인 것이 아니라 원자가(原子價), 원자 배열 형태에 따른 것이며 임의로 만들 수 있는 것이다. 더구나 호르몬의 비율을 조정하면 언제든 다른 특질이 발현될 수 있다. 호르몬의 이러한 성격은 여성과 남성의 차이를 전혀 다른 종(species)으로 설명하기 어렵게 했다. 물론 호르몬을 근거로 들며, 호르몬 간의 비중 차이가 '여성'과 '남성'의 본질적 차이를 만든다는 언설도 있긴 하다. 하지만 에스트로겐이나 테스토스테론이 여성이나 남성에게 배타적으로 분비되는 것이 아니라 비율 차이이며, 비율 차이는 호르몬 투여 등을 통해 조절할 수 있다는 점에서 성차의 경계를 조금은 희석했다. 성차의 경계를 희석했다는 것이 곧 성차 자체를 부정하지는 않았지만, 성전환이 가능하고 의료 기술적으로 젠더를 (재)구성할 수 있다는 새로운 상상력을 불러일으켰으며 이를 통해 섹스와 젠더를 다시 고민하는 계기를 제공했다.

섹스-젠더를 구분하는 방식은 근대 이후에도 그 의미가 몇 번 변했다. 19세기 후반에는 태어난 아이를 여성이나 남성으로 구분하고 젠더를 지정하는 조건은 임신과 출산을 할 수 있는가 여부였다. 즉 여성이나 남성으로 구분하기 '모호'한 경우에는 난소 유무를 근거 삼아 판단했다.[18] 비이성애 실천, 비규범적 젠더 실천을 본격적으로 병리 현상으로 설명한 것이 호모 섹슈얼리티란 용어를 발명한 19세기부터이듯, '모호'한 젠더 혹은 인터섹스가 의학의 판단을 통해 '여성' 혹은 '남성'으로 편입된 것도 이 즈음이다. 근대 국민국가, 제국주의 경제 성장, 공장 노동자와 성별 분업의 규범화 기획에서 '모호'한 섹스-젠더인 '개인'은 위험하고 '불길'한 존재였다. 따라서 이들은 '여성' 아니면 '남성'으로 사라지거나 외부와 격리되어야 했다. 지금처럼 음경의 형태와 유무로 판단하기 시작한 것은 1950년대 들어서다.

근대 들어 본격적으로 의료 논쟁을 유발한 인터섹스는 의료

---

18) Suzanne J. Kessler, *The Medical Construction of Gender: Case Management of Intersexed Infants*, Signs 16.1, 1990, p. 20.

규범적 여자의 몸이나 남자의 몸에 부합하지 않거나, '여성의 생물학적 특질'과 '남성의 생물학적 특질'이 섞여 있는 이들을 통칭하는 범주 명명이다. 인터섹스의 두드러진 양상은 1) 정소와 난소가 각각 하나씩 있는 경우, 2) 정소 두 개에 '여성형' 외부 성기가 있지만 난소가 없는 경우, 3) 난소 두 개에 '남성형' 외부 성기가 있지만 정소가 없는 경우이다. 인터섹스라고 해서 동일한 양상을 보이지는 않는다. 개인마다 양상이 상당히 다양하고 때로 징후가 나타나지 않아 인터섹스로 분류되지 않고 평생을 사는 경우도 있기 때문이다. 출생 비율은 100명당 4명부터 1,000명당 1명, 2,500명당 1명이란 연구까지 상당히 다양하다. 인터섹스의 형태에 따라 출생 빈도는 상당한 차이를 드러낸다. 1900년대 100년 동안 발표된 인터섹스 관련 모든 논문을 검토한 연구에 따르면, 100명당 1.72명이라고 한다.[19] 통계마다 편차가 상당한 이유는 인터섹스를 정의하는 방식, 판단하는 방식, 진단되거나 진단되지 않음에 따른 차이 때문이다. 인터섹스의 정의(定義)는 비(非)인터섹스로 분류되는 의료 규범적 여성과 의료 규범적 남성을 판단하는 방식과 불가분의 관계다. 즉 인터섹스는 비인터섹스 혹은 규범적(혹은 망상적) 여성의 몸과 남성의 몸을 상상하고 이를 사회 질서로 기획하는 바로 그 체제에서 함께 등장한

---

19) Melanie Blackless, Anthony Charuvastra, Amanda Derryck, Anne Fausto-Sterling, Karl Lauzanne & Ellen Lee, *How Sexually Dimorphic Are We? Review and Synthesis*, American Journal of Human Biology 12, 2000, p. 159.

다. 그렇기 때문에 인터섹스의 출생률을 어떻게 이해할 것인가, 인터섹스의 몸을 어떻게 해석할 것인가와 같은 인터섹스 의제는 인터섹스에 대한 의제이기도 하지만 인터섹스를 발명하고 삭제하고 은폐하고 비인터섹스를 '정상' 인간 혹은 '인간'으로 사유하는 사회 질서와 규범에 대한 의제이기도 하다.

인터섹스를 판단하는 기준은 우선 외부 성기 형태다. 신생아의 외부 성기 형태가 '모호'하지 않다면 대체로 여성이나 남성으로 분류되고 지정된다. 하지만 외부 성기가 '모호'하여 단박에 결정하기 어려울 경우, 염색체 구조, 외부 성기 형태, 내성기 형태, 생식선, 호르몬 분비 양상 따위를 모두 고려한다. 그래서 젠더를 판단하고 지정하기 위해 관련 전공의가 모여 검사하고 논의하는 과정을 거친다. 하지만 이 모든 과정에서도 가장 중요하게 여기는 기준은 외부 성기 형태, 더 정확하게는 음경의 모습이다. 이와 관련해서 인터섹스 결정 과정에 참여하는 의사들과 인터뷰한 수전 케슬러(Suzanne J. Kessler)는 성별 결정 기준을 다음과 같이 정리하였다.

인터섹스 조건에서 (XX 염색체인) 아이가 유전자상으로 여자로 결정된다면, 의사들은 …… 음경의 크기를 줄이는 수술을 상대적으로 빠르게 진행한다. …… 만약 Y-염색체인 아이가 테스토스테론을 만들 수 없고 테스토스테론에 반응하지 않는다면, 음경은 발달하지 않을 것이기에 Y-염색체인 아이는 남자로 고려되지 않는다. …… 음경의 크기가 작을 경우, 모호한 것은 그 조직이 음경인지 아닌지가 아니라 그것을 남겼을 때 '충분한가(good enough)'이다. …… 젠더를 결정하는 데 상당 부분이 외부 성기 형태의 규범에 의존하는 한, 그리고 남자는 '적당한 크기'의 음경이 있는가로 결정된다는 점에서 더 많은 아이들은 남성보다는 여성으로 지정될 것이다.[20]

케슬러가 인터뷰한 의사들은 대체로 비슷한 대답을 하고 그 기준은 '적절한 크기의 음경'이라고 말한다. 이 기준은 1950년대 중반 이후 끊임없이 인터섹스를 연구하고 의료적 조치 기준을 정리한 존 머니의 주장에 바탕을 두고 있다. 성 과학자 혹은 인터섹스 전문의를 자처한 존 머니는 인터섹스 관련 초기 논의에서 거의 유일한 의료 전문가였다. 머니 말고는 관련 이슈를 연구하는 의사가 거의 없었기에 관련 주제에서 그의 영향력은 상당했다. 아울러 한 개인의 일생을 결정하는 수술을 앞두고 의사 개인이 기존의 권위에 반하는 방법을 취하기도 쉽지는 않다. 그것이 인터섹스 개인에게 지독한 고통이어도 마찬가지다. 많은 의사는 자신의 행동이 인터섹스에게 끼치는 실질적 영향이나 윤리 문제에 상관없이 기존의 의학 규범(혹은 머니의 주장)을 반복했다.

의학에서 말하는 '적절한 크기'란 클리토리스의 경우 0.20~

---

20) Suzanne J. Kessler, 앞의 글, pp. 11~13.

0.85cm, 음경은 2.5~4.5cm 정도의 길이이며, 그 사이라면 인터섹스로 분류된다.[21] 이 기준에 따라 클리토리스 혹은 음경이 0.9cm라면 대충 여성으로 분류될 가능성이 있지만, 1.05cm 라면 인터섹스로 '진단'된 후 수술을 거쳐 여성으로 (재)지정될 것이다. 그리고 만약 그 크기가 2.0cm이라면 큰 클리토리스거나 작은 음경으로서, 의사의 판단에 따라 인터섹스-여성으로 분류되거나 남성으로 지정될 수도 있다. 이때 중요한 것은 적절한 크기라는 기준에 부합하지 않을 경우 몇 가지 검사 과정을 거치긴 하지만 결국은 이성애 남성의 젠더 규범인 이성애 성관계(즉 삽입 성관계)를 할 수 있는지를 최우선으로 여긴다는 점이다. 신생아의 젠더를 지정하고 해석하는 생물학 기준은 여럿이지만, 결국 이성애 남성 되기 기획에 맞춘 문화적 해석을 중시한다는 점에서, 케슬러와 인터뷰한 한 의사는 "결국 성기의 형태로 결정할 거라면, 이 모든 테스트를 왜 하는가?"[22]라고 자문한다.

이성애 규범적 성행위를 할 수 있는 가능성이 젠더를 판단하는 주요 근거인 이유를 두고, 어릴 때 인터섹스 수술을 겪은 인터섹스 활동가 셰릴 체이즈(Cheryl Chase)는 그 이유가 성 차별 때문이라고 지적한다.

21) Melanie Blackless 등, 앞의 글, p. 152.
22) Suzanne J. Kessler, 앞의 글, p. 13.

그 수술은 대단히 성 차별적입니다. 그것은 남성이 성관계를 한다는 생각에 기초하고 있어요. 여성은 남성의 삽입으로 아이를 갖고요. 예를 들어 의사들은 음경이 매우 작고 성기 끝보다 아래쪽에서 오줌을 누는 소년을 볼 때, 자신들에게 묻습니다. '이 소년의 고통에 대해 우리가 무엇을 할 수 있을까? 이건 감수하기엔 감정적으로 고통스러운 일일 거야.' 저도 그것이 살아가기 고통스러운 일이 될 거라는 점에 동의해요. 그러곤 그들은 이렇게 말하죠. '우리는 그 음경을 잘라내고 그의 고환을 잘라내고 모두에게 그가 여자아이라고 말하고 그에게 에스트로겐을 투여하고 결장의 일부를 그의 사타구니로 꿰매고 그가 여성으로 살아가도록 해줄 거야. 그게 덜 고통스러울 거야.' 의사가 만들어내는 것은 애매하게 여성이며 불임이고 월경을 하지 않고 아마도 어떤 성적 기능도 없고 성기가 아플 것이며, 그리고 속아 왔고 수치스러웠던 몸을 가진 누군가입니다. 그게 작은 음경을 가진 것보다 덜 고통스러울까요? 전 여성의 고통이 무시되기 때문에 그것이 덜 고통스러운 것으로 여겨진다고 생각합니다. 여성의 고통으로 변형되고 나면 그것은 우리를 그렇게 괴롭히지 않게 되는 거죠.[23]

섹스-젠더의 문화적 토대는 매우 단순한데 그것은 성 차별이

---

23) 피터 헤가티, 셰릴 체이즈, "피터 헤가티(Peter Hegarty)와 셰릴 체이즈(Cheryl Chase)의 대화", 제이 옮김, 〈여/성이론〉 27호, 2012, 145쪽. 부분적으로 수정했다.

다. 개인을 남성/여성(혹은 비남성)이란 이분법에 욱여넣고, 남성이라 불리는 범주에 더 중요한 가치를 부여하고 여성 범주 혹은 비남성 범주의 삶을 평가 절하한다. 그나마 여성 범주에도 적절히 속할 수 없는 개인은 누락된다.

흥미로운 것은 이원 젠더 체계에 따른 의료적 판단이 가시적 젠더 표식을 모호하게 만든다는 점이다. 일상에서 피부 표면에 나타나는 생물학적 표지(mark)를 밑절미 삼아 개인의 젠더를 구분하는 방식의 판단은 매우 불완전하고 또 위험하다. 여성이 아닌 사람을 여성으로 판단할 수도 있고, 여성인 사람을 여성이 아닌 다른 젠더로 판단할 수도 있다. 그리고 이 판단을 근거로 삼아 판단 대상인 상대의 행동과 인생 전체를 재단한다. 그런데 이 판단은 '옳은가'? 이렇게 판단하는 행위는 '정당'한가? 그가 정말 여성인지 여성이 아닌지 혹은 남성인지 확정할 근거는 불확실할 뿐만 아니라 때론 근거를 찾는 것 자체가 불가능할 수도 있다. 그런데도 인간을 여성 아니면 남성으로 판단하는 모든 이들은 자신이 옳다고 믿으며 그 판단에 부합하지 않는 상대방을 비난하고 모든 잘못을 그 판단 체계를 벗어난 상대방에게 떠넘긴다. 그러니 피부 표면에 드러나는 흔적으로 개개인의 젠더를 판단하는 일은 늘 틀릴 가능성이 농후하지만 '그렇다고 치자'며 담합하는 공리에 지나지 않거나, 상대방을 비난하는 방식을 통해 간신히 유지되는 규범에 불과하다.

케슬러가 인터뷰한 한 의사는 "가장 중요한 것은 행복이며,

해부학은 행복의 일부"라고 말한다.[24] 살면서 필요한 중요한 것 중 하나는 행복일 테지만, 어떤 삶이 행복한 삶이며 어떤 몸이 행복의 밑절미인지는 논쟁적이다. 비극은 늘 이 논쟁에서 싹튼다. 규범적 의료 행위에서 인터섹스나 '모호'한 몸으로 사는 것은 불행한 일이다. 그렇기에 의학은 모든 개인이 의료적 판단에 따라 규범적 몸 되기 기획, 즉 생물학적으로 문제가 없다고 가정하는 (혹은 망상하는) 몸이 있다고 믿고 그것에 어떤 의심도 질문도 하지 말 것을 요구한다. 의사는 그가 배운 '선의'에 따라 인터섹스가 행복한 비인터섹스로 살길 바라지 불행한 인터섹스로 남길 원하지 않는다. 이렇게 의료 기술은 개인의 '섹스'나 '젠더'뿐만 아니라 행복도 판단하고 진단하고 규정하고 처방한다. 또한 의사는 인터섹스 신생아가 수술을 받도록 부모를 설득하는 과정에서 종종 수술을 해야만 행복한 규범적 이성애자가 될 것이라고 말한다.[25] LGBT/퀴어를 향한 다층적 차원의 혐오나 공포가 만연한 사회에서 의사의 말은 곧 수술을 하지 않으면 불행한 비이성애자로 살 것이라고 암시한다. 많은 부모가 수술에 동의하고 자식의 행복을 빈다. 그리고 많은 인터섹스가 바로 이 수술로 인해 고통스럽고 불행하다고 말한다.[26] 특히 1990년대 들

---

24) Suzanne J. Kessler, 앞의 글, p. 20.
25) Peter Hegarty in conversation with Cheryl Chase, *Intersex Activism, Feminism and Psychology: Opening a Dialogue on Theory, Research and Clinic Practice*, Feminism & Psycology 10.1, 2000, p. 126.

어 미국의 많은 인터섹스가 커밍아웃을 하고 인터섹스 인권 운동에 참여하고, 많은 미디어가 인터섹스를 쟁점으로 다뤘지만, 이 과정에서 등장한 인터섹스 중 의사가 강제하는 수술을 받고 행복해졌다고 주장하는 사람은 단 한 명도 없었다. 그들은 행복을 보장하는 바로 그 수술로 인해 불행해졌다고, 몸에 다양한 고통이 생겼고 사회 생활에 더 큰 어려움이 생겼다고 말한다. 즉 특정한 몸만 규범으로 정의하고, 인터섹스나 '모호'한 몸은 병리적 현상으로 진단하며 끊임없이 숨길 것을 강제하고, 의사의 판단에 따라 자신이 원하지 않을 수도 있는 젠더로 지정되며, 성기 제거에 따라 성감이 상실되는 일은 의료 기술이 주장하는 바와 달리 불행을 초래한다. 의학적 처방은 '건강한 행복'을 그 목적으로 삼는다고 해도, 그 판단이 투명한 과학적 판단이 아니라 문화적 해석과 경험에 따른 과학적 판단이란 점에서, 의학적 처방은 늘 문화적 처방이 된다. 의학은 문화를 경유해서만 처방할 수 있다. 문화적 처방이 여성의 고통을 폄하하고 남성의 행복만 중시한다는 점에서 의학적 가치는 또한 남성적 가치다. 즉 의학은 객관적 과학이 아니라 남성성을 구축하고 남성 몸의 특성을 설명하는 과학이다.

인터섹스를 결정하는 과정이 섹스-젠더와 남성성 논의에서

---

26) Peter Hegarty in conversation with Cheryl Chase, 앞의 글, pp. 117~123, 128~131.

중요한 이유는 단지 인터섹스를 결정하는 과정이 일방적이고 폭력적이라는 사실 때문만은 아니다. 폭력적 과정 자체도 매우 중요하지만 이 과정은 또한 근대(의료)적 남성과 남성성이 결정되는 방식이자 젠더가 의료적으로 (재)생산되고 유지되는 방식이며, 외부 성기 형태와 개인의 관계를 결정하는 방식이기도 하다.

흔히 트랜스젠더퀴어나 인터섹스의 젠더는 외과 기술을 거쳐 '인위'적으로 구성되며, 비트랜스, 비인터섹스의 젠더는 '자연'스럽게 구성된다고 인식하는 경향이 있다. 아니, 경향이 있는 정도가 아니라 당연하게 여긴다. 그리하여 '인위'적으로 구성된 이들을 '인조인간'이라는 수식어로 설명하기도 한다. 어떤 이들은 지면에서 하리수 씨 같은 mtf/트랜스여성은 의학 기술을 통해 만들어진 가짜 여성이라 말하기도 했다. 생물학적으로 자연스럽게 타고나는, 즉 의학 기술과 무관한 진짜 여성과 남성이 있고 그렇지 않은 다른 젠더, 의료 기술을 통해 인공적으로 만들어지는 여성과 남성이 있다는 인식이다. 하지만 인터섹스와 트랜스젠더퀴어의 경험은 이런 식의 구분에 문제가 있음을 드러낸다. 모든 인간은 태어날 때 의료 기술, 의학의 기준을 통과한다. 흔히 진짜 여성 혹은 남성이라 불리는 젠더 범주 역시 출생 당시 의사의 승인을 거쳐 여성이나 남성으로 지정된다. 때로 인터섹스로 인지된다고 해도 서둘러 여성 아니면 남성으로 지정되고 그것이 자연스럽다고 말해진다.[27] 그러니 의료 기술 기획을 통과하지 않는 섹스-젠더는 없으며 외과 기술로 가공되지 않는 인간은 없다. '내'가 외과 기술을 거치지 않은 '남성'이라면 이 말은 신생아일 때 의사가 '나'의 외부 성기 형태를 힐끗 본 다음 적절한 크기라고 판단했다는 뜻이다. 즉 생물학적으로 타고난 '남성'(혹은 젠더)이란 의학이 보증하는 남성인 동시에 생물학이나 의학을 통해 제대로 확인/검사하지 않은 남성/몸이다. 줄리 도일은 이를 두고 우리가 주체적 몸이라고 가정되는 것은 "외과 기술이 정의한 형태로 몸을 경험"하는 것이라고 지적했다.[28]

적잖은 생물학자들이 지적하듯, 인간이 절대적으로 여성과 남성으로 분명하게 나뉘어 태어난다는 믿음은 관념적 이상일 뿐 생물학적 사실이 아니다.[29] 생물학적으로는 섹스-젠더를 여성 아니면 남성과 같은 식으로 둘로 완벽하게 구분하는 것이 불가능하다. 그런데 규범적 의학은 이분법을 당연시한다. 그래서 규범적 여성의 몸이나 규범적 남성의 몸에 부합하지 않는 몸이 태어나면 외과 기술을 통해 몸을 '교정'/수술하며 행복하다고 가정하는 몸 규범을 유지한다. 적절한 외부 성기 형태여야만 행복할 수 있다는 의료 규범은 근대적 (이성애) 남성이 행복해질 조건, 존재할 수 있는 조건을 외부 성기 형태로 수렴한다. 물론 외

---

27) 젠더가 발명되고 그 내용이 구성되는 방식, 인터섹스가 태어났을 때 의학에서 다루는 방식과 관련해서는 루인, "규범이라는 젠더, 젠더라는 불안: 트랜스/페미니즘을 모색하는 메모, 세 번째", 〈여/성이론〉, 제23호, 2010 참고.
28) Julie Doyle, 앞의 글, p. 26.
29) Melanie Blackless 등, 앞의 글, p. 151.

부 성기 형태가 남성 되기 기획에서 행복을 누리기 위한 유일한 조건은 아니겠지만, 주요 전제임은 분명하다.

그렇다면 의학과 불가분의 관계를 맺고 있는 국민국가와 사회 제도는 남성을 어떻게 관리할까? 남성성이 유지될 수 있도록 어떤 제도적 장치와 개인의 '자발'적 참여를 유도할까? 이제 서론에서 말한 병무청의 남성 관리, 징병의 남성적 몸 관리 논의로 넘어가자.

징병 검사, '국민' 관리 제도, 그리고 남성성

"군사라 하는 것은 나라의 기둥이라 기둥이 튼튼해야 집이 성하게 설 터인데" - 〈독립신문〉, 1896년 7월 9일[30]

한국의 근대화 과정에서 개인은 국가와 불가분의 관계를 맺고 있다. 개인이 국가를 위해 혹은 '민족의 중흥'을 위해 희생하는 것을 미덕으로 삼으며 이 미덕을 기준 삼아 개인을 관리하거나 통제하고 개인으로 하여금 '자발'적으로 이 미덕에 참여토록 하는 정치 기획이 존재해 왔다. 특히 일제 강점기와 6·25 전쟁 시기에 남성-개인이 국가와 민족을 위해 자신을 희생하고 헌신

---

30) 박노자, "징병제 - 개화기 때 실현되지 못한 '근대의 꿈'", 〈인물과 사상〉, 제74호, 2004, 52쪽에서 재인용.

하며 국가의 명예를 드높이는 일, 스스로 군사력과 전투력을 향상시키는 일은 남성적 민족성의 핵심이었다. 그래서 한국의 남성은 늘 운동을 통해 신체를 단련해야 했고, 운동과 전투에 문제가 없는 몸 상태를 유지해야 했다. 이럴 때 군사 훈련은 무엇을 의미할까? 1800년대 후반과 1900년대 초반의 근대적 남성성을 분석한 박노자는 "'훈련된 몸'은 '문명'을 상징하는 징표"라고 지적한 바 있다.[31] 즉 훈련된 몸은 근대화의 상징, 구국의 상징이자 생산에 적합하다는 점에서 개발과 경제 성장의 상징이며 "'독립/근대화'의 전제 조건"[32]이다.

1960년대 초 박정희는 쿠데타로 정권을 잡은 후 정권의 안위를 꾀하고 정당성을 부여하기 위해 새로운 규범이 필요했다. 그는 국가 재건을 표방하며 재벌 중심의 산업화, 반공, 민족 정체성 확립이라는 세 가지 목표를 당시의 새로운 규범으로 만들고자 했다.[33] 이 목표는 모두 근대의 훈련된 몸을 바탕으로 삼는다. 몸이 건강할 때 생산 노동에 참여할 수 있고 적과 싸울 체력이 되며 (근대 서유럽의 고대 그리스 남성이라는 이상처럼, 혹은 조선 시대 이순신이라는 이상처럼) 민족을 대표할 수 있기 때문이다. 훈련된 몸 이상(ideal)은 지금도 그 예를 쉽게 찾을 수 있다. 스포

---

31) 박노자, 《씩씩한 남자 만들기》, 푸른역사, 2009, 8쪽.
32) 박노자, 앞의 책, 156쪽.
33) 김은실, "한국 근대화 프로젝트의 문화 논리와 가부장성", 〈당대비평〉 제8호, 1999, 87쪽.

츠 대회에서 1등을 하거나 금메달을 획득하면 '국위 선양'했다는 언설이 대표적이다. 이런 언설은 '국가 재건'이 지향하는 목적을 (무)의식적으로 드러낸다. 훈련된 몸을 가장 잘 표현할 수 있는 곳은 스포츠 경기장을 제외하면 군대다. 박정희 정권은 모든 국민이 훈련된 몸을 이상으로 삼고 실천하기를 바랐다. 하지만 모든 국민을 군대에 보낼 수는 없었다. 그래서 박정희 정권은 이순신 동상을 세우고 을지문덕이나 김유신 같은 군인을 위인으로 홍보해 자기 정권의 토대에 정당성을 부여했다. 또한 새마을 운동이나 교련 수업을 통해 국가 자체가 군대가 되고, 군인이 될 수 있는 남성이 국가의 유일하게 적법한 구성원이 됨으로써, 군사주의적 사회를 자연 질서로 몸에 익히도록 했다. 그렇기에 이 시기 "남성 전사를 한국사의 적법한 국체로 구성하려는 군국주의적 경향"[34]은 매우 '자연스러운' 일이었다.

군국주의를 전 국민이 몸에 익히도록 하기 위해 군사 정권은 안보 정국을 조성했다. 6·25 전쟁을 겪은 이들이 많았던 당시 상황에서 안보 정국의 효과는 상당히 컸다. 남북 교전과 '간첩' 사건, 청와대를 노렸다는 '북파 공작원' 사건 등은 지금이라도 당장 북조선이 남한을 침략할 수 있다는 불안을 가중했다. 더구나 외화 획득을 목적으로 베트남 전쟁에 한국군을 파병하여 남

---

34) 문승숙, "민족 공동체 만들기: 남한의 역사와 전통에 담긴 남성 중심적 담론 (1961~1987)", 《위험한 여성: 젠더와 한국의 민족주의》, 일레인 H. 김, 최정무 엮고 씀, 박은미 옮김, 삼인, 2001, 68쪽.

한 내 주둔군이 감소한 상황에서 진행된 주한 미군 감축 논의는 군사 정권에 상당히 유리한 군사적 긴장 관계를 조성했다. 주체 사상이건 유신헌법이건 통치 사상으로서 별 차이가 없음에도, 북조선에 의한 통일은 결코 일어나선 안 될 일이었다. 국민 개개인이 긴장하지 않으면 언제든 '적화 통일'된다는 위협이 횡행했다. 이렇게 안보 불안을 만드는 작업은 개인의 행복이나 삶의 가치가 아니라 안보를 중심에 둔 국가, 그 국가와 동일시하고 국가를 위해 헌신하는 국민이 만들어지는 과정이기도 했다.

이런 정치적 상황에서 박정희 정권은 당시 남한 사회를 비교적 '수월'하게 준전시 상태로 만들 수 있었다. 그리고 국가가 국민을 관리하고 통제하는 일이 핵심 이슈로 떠올랐다. 간첩을 색출한다는 명목으로 만든 국민 등록 제도는 쉽게 저항할 수 없는 정책이었다.

주민 등록 제도는 안보 정국에서 간첩 색출을 목적으로 삼지만 또 다른 주요 목적은 국민을 훈련하고 군대에 보낼 인구를 관리하는 데 있다.[35] 주민 등록 번호는 생년월일(나이), 성별, 출신 지역 같은 개인 정보를 포함한다. 이 정보는 각각 군대에 갈 나이, 군대에 갈 수 있는 성별, 그리고 복무할 군부대 지역에 영향을 끼치는 요소다. 헌법과 병역법을 통해 국민을 남성으로 제

---

35) 루인, "캠프 트랜스: 이태원 지역 트랜스젠더의 역사 추적하기, 1960~1989", 〈문화연구〉 제1권 1호, 2012.

한하고 주민 등록 제도를 통해 개인을 국가에 등록하고 군사화된/집단화된 개인으로 관리하는 체계를 갖추는 것이다. 국민 관리 체제를 통해 병역 제도를 완성하려는 꿈은 박정희가 처음 꾼 꿈이 아니다. 구한말 개화파 역시 근대 국민국가와 근대적 남성성을 훈육하는 장으로 징병제를 이상으로 삼았다. 징병제를 만들겠다는 목표는 여러 번 시도되었지만 빈약한 재정과 '병역 자원을 파악할 만한 행정력'의 미비로 끝내 이루지 못했다.[36] 박정희 정권은 안보 정국을 조성하고 주민 등록 제도를 완비하면서 징병제를 구체적 제도로 만들 수 있었다.

이 체제의 또 다른 주요 목적은 남성성 관리였다.[37] 군인인 남성을 만들기 위한 기획의 일환으로 주민 등록 제도를 시행하지만 이것만으로 충분하지 않다. 구체적으로 어떤 몸을 군인으로 승인할 것인지가 중요하다. 즉 어떤 몸이 국민국가를 대표할 수 있고 근대적 남성성을 재현할 수 있는지를 가려야 했다. 주민 등록상 남성으로 분류되는 이들 모두가 군대에 가는 것은 아니다. 그중에서도 제한된 이들만 군대에 간다. 즉 남성 내에선 특권층에서 배제되지만 남성/비남성 위계에선 특권적 지위에 있는 남성이 군대에 간다. 군 입대는 특권층은 아니지만 비남성도 아닌

---

36) 박노자, "징병제 - 개화기 때 실현되지 못한 '근대의 꿈'", 49쪽.
37) 한국의 병역 제도, 군사주의, 남성성, 그리고 국민의 구성과 관련해서, 김현영, 〈병역의무와 근대적 국민정체성의 성별정치학〉, 이화여자대학교 여성학과 석사학위논문, 2002 참고.

위치의 남성을 표지하는 방식이다. 흥미로운 점은 이른바 현역이 아닌 보충역이나 제2국민역으로, 현역 입영 대상이어도 1급일 수 없도록 판정하는 조건에 고환 결순과 음경 절단, 정자 수 따위가 포함된다는 점이다. 병역 비리가 사회적으로 큰 문제가 될 때마다 기준이 조금씩 혹은 상당히 변하지만 최근 두 가지 판본을 살펴보면 구체적 사항은 다음과 같다.

2010년				2016년			
질병 · 심신장애의 정도	평가 기준 (단위: 급)			질병 · 심신장애의 정도	평가 기준 (단위: 급)		
	징 병	전 역	전 시		징 병	전 역	전 시
371. 무정자, 역행성 사정, 사정자증 또는 3회 이상의 정액 검사 결과 정액 1㎖당 정자 수가 500만 개 미만의 과소 정자증(다만, 가족 계획 시술을 받은 경우를 제외한다)	4	4	2	375. 무정자 · 역행성 사정 · 사정자증인 경우 또는 3회 이상의 정액 검사 결과 정액 1㎖당 정자 수가 500만 개 미만의 과소 정자증(가족 계획 시술을 받은 경우는 제외한다)인 경우	3	3	3
				377. 발기 부전(기질적인 원인인 경우에 한한다)	3	3	3
				381. 정류 고환(잠복 고환) 주: 수술로 고환 제거술을 시행한 경우는 제384호(고환 결손)에 따라 판정한다. 가. 현증	7	7	7
				나. 한쪽 1) 수술 후 합병증이 없는 경우 2) 수술 후 합병증이 있는 경우(해당 부분에서 판정한다)	3	3	2
				다. 양쪽 1) 수술 후 합병증이 없는 경우 2) 수술 후 합병증이 있는 경우(해당 부분에서 판정한다)	3	3	3

379. 반음양 또는 성기 발육 부진	5	5	5	383. 생식 기계 이상	가. 저성선자극호르몬성 저성선증	4	4	4
					나. 반음양, 성기 발육 부전, 클라인펠터 증후군, 치료 후에도 지속되는 저성선증 주: 성기 발육 부전은 저성선증에 의한 경우에만 해당한다.	5	5	5
380. 고환 결손 또는 위축(고환이 2/3이상 감소한 것을 위축으로 본다)	가. 편측	4	4	2	384. 고환 결손 또는 위축 주: 고환이 1/2 이상 감소한 것을 위축으로 본다.	가. 한쪽	4	4	2
	나. 양측	5	5	4		나. 양쪽	5	5	4
390. 음경 절단	가. 귀부 상실 (성교 가능)	5	5	3	394. 음경 절단	가. 부분 귀부 상실 (추형으로 인하여 군복무에 부적합한 경우)	4	4	4
	나. 음경의 1/2 이상 상실 및 성교 불능	6	6	4		나. 완전 귀부 상실 (음경의 1/2 미만을 상실한 경우 및 다 목에 해당하지 않는 경우)	5	5	4
						다. 음경의 2분의 1 이상을 상실한 경우 주: 성교가 불가능한 사람 및 성전환자(성기 부위에 인공 구조물을 시술한 자를 포함한다)의 경우에도 다목과 같이 판단한다.	5	5	4

출처: 2010년 기준은 '신체 등위 판정 기준 및 징병 신체검사 등 검사 규칙, 국방부령 제702호, 2010년 2월 17일.' (*1~3급은 현역, 4급은 보충역, 5급은 제2국민역, 6급은 면제)

2016년 기준은 '병역 판정 신체검사 등 검사 규칙, 국방부령 제907호, 2016년 11월 29일' (*1~3급은 현역, 4급은 보충역, 5급은 전시근로역, 6급은 병역 면제, 7급은 재신체검사)

*5급은 전시가 아닌 이상 사실상 병역 면제라고 말할 수 있다. 6급이 전시에도 병역 면제라면 5급은 평시에는 면제이며 전시에 징집된다.

2010년과 2016년 사이에 항목의 변화가 있었고 등급에도 변화가 있었다. 하지만 이 글의 목적은 항목과 등급이 왜 바뀌었고 어떤 배경에서 더 상세한 항목이 생겼는지를 논하는 것이 아니다. 이 글의 관심은 군대에 입대할 만한 남성, 군대에 입대할 가치가 있는 남성을 규정할 때, 1965년 제정된 신체검사 관련 검사 규칙부터 최근의 규칙까지 계속해서 음경 및 고환이 중요한 판단 기준으로 작용한다는 데 있다. 외부 성기 형태는 일상생활에서 가시적 영역이 아니며, 한 개인의 복장이나 행동, 말투 등으로 남성성을 재현하는 데 문제될 것 없는 신체 부위다. 더구나 정자 생산 능력, 고환의 상태는 남성-군인이란 역할을 수행하는데 지장을 주지도 않는다. 2016년 기준으로 무정자증은 3등급이고 성교 불능은 5등급으로 판정된다. 그런데 정자의 수가 적다는 것이 군대에 복무하는 것과 무슨 상관일까? 외부 성기 혹은 음경으로 성관계를 맺을 수 없다는 것이(음경만이 유일한 성관계 도구도, 방법도 아니다) 군복무와 무슨 상관일까? 한국에서 흔히 말하는 군대 관련 서사 중 하나에 따르면 군인은 나라와 가족을 지키는 성스러운 일을 하고 있다. 그런데 국방과 가족의 안전이 병역 의무의 핵심 가치라면 병역 판정 기준은 이해할 수 없는 내용으로 가득하다. 이런 기준은 결국 군복무 혹은 군 입대가 단순히 국가 안보를 위한 것만이 아니란 자기 고백에 가깝다. 군복무 혹은 군대를 통한 사람/남성 만들기는 다른 기획과 의도를 품고 있다. 특히나 음경과 고환 관련한 많은 기준은 군대를 통해 특정한 몸을 만들겠다는, 혹은 특정한 몸을 걸러내겠다는 의도를 노골적으로 표현한다. 이 의도는, 앞서 논했듯, 근대 외과 기술 기획으로 구성된 남성의 기준, 인터섹스의 젠더를 결정하는 기준을 환기시킨다. 즉 남성이기 위해서는 이성애 규범적 성관계를 할 수 있는 신체를 갖춰야 한다. 또한 남성을 군인으로 만들고자 하는 기획에서 국가 재생산은 핵심 가치다. 결국 주민 등록 제도를 통해 신생아를 남성과 여성으로 걸러낸 후, 징병 검사를 거쳐 근대 국민국가를 '재생산'할 수 있는 개인만 국민, 곧 남성으로 인정하겠다는 뜻이다. 1960년대 후반부터 시작한 기지촌 정화 운동, 가족 계획과 출산 정책이 여성 섹슈얼리티와 여성의 몸을 관리하는 동시에 젠더 위계 질서를 통제하는 기획이었다면, 주민 등록 제도와 군대, 병역법은 남성의 섹슈얼리티와 몸을 관리하는 기획이라 할 수 있다.

병역법의 외부 성기 규정은 인터섹스와 트랜스젠더퀴어를 자신의 젠더 범주 인식과 상관없이 남성 범주에서 배제하는 문지기 역할도 한다. 인터섹스의 경우, 반드시 신생아 시절부터 인터섹스로 진단된 후 여성이나 남성으로 (재)지정되는 것은 아니다. 사춘기 이후, 혹은 성인이 된 이후 징후가 나타나는 경우도 적지 않다. 따라서 신생아 시기에 검사하는 것으로는 충분하지 않다. 주민 등록상 남성으로 표기된 트랜스젠더퀴어와 주민 등록상 성별을 변경하여 남성으로 표기된 트랜스젠더퀴어가 신체검사를 받을 때도 이 규정에 영향을 받는다. mtf/트랜스여성이 외부 성기 재구성 수술을 했거나, ftm/트랜스남성이 외부 성기 재구성 수술과 상관없이 주민 등록상의 성별을 남성으로 바꿨을 경우, 고환 결손이나 음경 절단 혹은 규범적 형태의 음경 부재를 이유로 5급, 즉 사실상 병역 면제 처분을 받을 수 있다. 음경의 기능과 형태는 신생아 시기를 지나 성인 초입에 다시 한 번 남성되기의 필수 조건이 된다. 그래서 신체검사의 판정 기준은 인터섹스와 트랜스젠더퀴어를 비남성으로 걸러내고, 규범적 남성에 부적합한 여러 개인을 배제한다. (외과) 규범적 남성은 의학이 보증한 몸이며, 군 입대가 가능한 몸이어야 한다. 또한 남성성은 바로 이 모든 검사를 통과한 몸에 부착된 자연스러운 성격으로 인식된다.

남성성 관리와 관련한 1970년대 한국 정권의 강박은 1972년 3월 7일자 〈동아일보〉 기사를 통해 구체적으로 확인할 수 있다.

7일 서울 용산경찰서는 허위 건강 진단서를 떼어준 용산구 한남동 용산구 제1성병 진료소 소사 박길영 씨(가명, 46)를 허위 진단서 작성 혐의로 입건했다. 경찰에 의하면 박씨는 용산구 제1성병 진료소를 경영해 오면서 지난 71년 4월 여장을 한 문복희 씨(37, 용산구 이태원동 225) 등 5명의 여장 남자에게 남자인 줄 알면서도 미군 상대 위안부들에게 떼주게 되어 있는 건강 진단서를 떼주어 윤락 행위를 해 오게 한 혐의다. (〈동아일보〉, 1972년 3월 7일)

"여장 남자에게 남자인 줄 알면서도 미군 상대 위안부들에게 떼주게 되어 있는 건강 진단서를 떼주어 윤락 행위를 해 오게 한 혐의"라는 신문 기사의 구절 자체는 특이할 것이 없는 듯하다. 하지만 사건 발생 지역을 감안하면 이 사건은 다소 특이한 사건으로 변한다. 이태원은 주한 미군 부대인 미8군 근처에 위치한 기지촌이다. 이 시기, 이 지역에서 여장 남자의 성 노동/성 판매는 특별하지 않았다. 1972년이면 이미 상당수의 여장 남자(혹은 mtf/트랜스여성)가 성 노동/성 판매를 밥벌이 삼아 일하고 있었다. 이태원을 담당한 경찰과 공무원 역시 여장 남자가 성 노동/성 판매를 한다는 사실을 잘 알고 있었다. 바로 몇 년 전 다른 신문에서 이태원의 여장 남자를 특집으로 다뤘는데 그 기사에서 이태원 지역 경찰과 공무원은 여장 남자가 일하고 있음을 알지만 별다른 조치를 취하지 않으며 이를 묵인한다고 했다. 묵인은 이 시기 이태원의 문법이기도 했다. 적법 절차는 아니지만 암묵적으로, 기지촌에서 성 노동/성 판매를 생계 삼아 살아가는 여장 남자에게는 보건증을 발급해주었다. 여장 남자를 찾는 이들이 있었고, '달러벌이'라는 명분도 있었다. 외화 획득은 그 자체로 애국이자 개인에게도 상당한 자부심이었기에 공공연히 말하고 다녀도 무방했다. 실제 여장 남자들은 경찰이나 공무원에게 제 목소리를 내고 필요한 것을 요구하며 거침없이 살았다. 적어도 이태원은 이런 분위기였다.

하지만 미군 철수 및 미군 기지 재배치 논의, 기지촌 정화 운동, 주민 등록 제도와 군대 정비 같은 일련의 사건은 당시의 분위기를 바꿨다. '남성'에게 보건증을 발급하는 행위는 당대 남성성 규범을 위반하는 행위였고, 주민 등록 제도를 위반하는 일이기도 했으며, '남성'에게 성 판매자라는 지위를 부여하는 행위이기도 했다. '남성'에게 유일하게 허락된 지위는 군인 아니면 산업 역군이지 성 판매자가 아니었다. 병역법의 대상일 수는 있어도 성 노동을 전제로 하는 건강 진단의 대상일 수 없는 '남성'에게 건강 진단서를 발급한 일은 심각한 위법이 되었다. 따라서 정부 당국과 경찰은 그 전까지는 문제될 것 없는 진료 행위를 불법으로 재규정해야 했다. 이 행위가 지속적 위법이나 위반으로 인식되지는 않았다 해도(1970년대 이태원에는 mtf/트랜스여성이 주로 일하는 업소가 여럿 있었다), 1970년대 초라는 정치적 상황에선 위법으로 처리할 필요가 있었다. 그렇기 때문에 건강 진단서를 발급하고 1년이 지나서야 보건소 소사를 입건한 것은 결국 상징적 선언에 가깝다. 규범적 남성성을 실천하지 않는 남성과 이에 동조하는 이들은 모두 위법으로 검거하겠다는 선언이자 당대 남성성의 위상에 대한 선언이 그것이다.[38]

1960~1970년대 한국 근대화 기획을 분석한 김은실은 박정희 정권이 "강력한 공권력과 행정력을 지닌 권위주의적 독재 체제를 통해 자신의 의지를 실현하는 국민 주체를 만들고자" 했다고

---

38) 이태원 지역 트랜스젠더퀴어의 역사와 관련해선 루인, 앞의 글 참고.

지적한다. 그리고 바로 이 기획을 통해 "이질적인 것들을 억압"하고 "'우리'라는 동일성의 권력을 구축"하며 동질적 민족, 균질한 개인을 전통으로 발명한다.[39] 이 기획은 비단 그 시대의 사고방식, 행동 양식, 역사 의식만을 관리하는 데 그치지 않는다. 근대 외과 기술의 발달을 적극 활용하며 통계적으로 평균적 몸을 규범으로 삼고 군인으로 기능할 수 없는 몸을 비규범으로 분류하며 근대적 남성과 남성성을 관리한다. 즉 단일하고 균질한 개인은 외과 규범과 문화생물학적 규범에 적합한 몸이어야 한다. 이 조건을 갖출 때 비로소 당대의 '개인=남성'일 수 있(었)다. 이런 맥락에서 근대 규범적 남성, 군인인 남성은 외과 기술적으로 가장 잘 가공된 몸이며, 배제 없이는 존립할 수 없는 몸이다. 다른 말로 산업 발전과 군국주의 기획을 통해 재가공된 남성성은 가장 '인위'적인 '인조'인간이다.

남성/성이란 생물학

인간을 두 가지 젠더로 인식하는 문화 장치이자 이를 자기 범주로 몸에 익히도록 하는 과정인 섹스-젠더 이분법 혹은 이원 젠더 체계는 언제나 근대 의료 기술과 인식론을 밑절미 삼는다. 이 글 서두에서 언급했던, 병무청이 외부 성기 재구성 수술을 하

---

39) 김은실, 앞의 글, 90쪽.

지 않았다는 이유로 트랜스젠더퀴어를 병역 기피자로 판단한 사건이나 대법원의 상상력, 댓글의 반응 등은 모두 바로 그러한 믿음과 연결되어 있다. 즉 남성과 음경을 직접 연결해서 사유하는 것은 2010년대의 현상이 아니라 긴 역사를 지닌 규범적 상상력이다.

근대적 젠더는 늘 개인을 명료하게 인식할 수 있도록 한다. 분류하고 정의(定義)하여 한 개인을 교집합 없는 범주에 가두고 단 하나의 명료한 범주로 설명할 수 있도록 하며, 한 개인의 몸을 둘 중 하나의 범주에 오차 없이 부합하는 형태로 만든다. 하지만 개인을 명료하게 만드는 작업은 언제나 남성이냐 남성이 아니냐로 나뉘고, 트랜스젠더퀴어나 인터섹스 혹은 다른 젠더 범주의 개인은 남성 범주와 무관하게 된다. 남성 범주는 민족을 대표하는 동시에 민족 그 자체이기에 순수하다는 신화를 유지해야 한다. 남성성은 자연스러운 것이며 이를 위협하는 요소는 모두 비남성 범주(특히 트랜스젠더퀴어나 인터섹스 범주)로 버려진다. 병역을 위한 신체검사는 바로 이 과정, 남성의 몸과 그 몸에 당연히 부착해 있다고 여겨지는 남성성을 여과하는 과정이며, 특정한 남성 신체에 남성성이 자연스럽게 발현된다는 신화를 영속하는 정책적 과정이다. 하지만 규범적 남성성은 트랜스젠더퀴어와 인터섹스 없이는 결코 존재할 수 없다.

남성성을 자연화하는 일련의 과정은, 앞에서 여러 차례 논했듯, 남성이라는 젠더 범주와 근대적 남성성이라는 것이 별개로 존재할 수 없음을 역설한다. 근대 의료 기술은 남성성을 통해 제 지위의 변화를 꾀했고, 남성성은 의료 기술을 통해 제 실체를 구축하고자 했다. 이렇게 구축된 실체는 불분명하다. 구체적인 것은 외부 성기인 음경(과 고환)뿐이다. 이성애 관계에서 재생산을 할 수 있는 음경이 있어야 비로소 의료 규범적 남성이다. 재생산할 수 있는 음경이 있다면 자신의 젠더 인식과 상관없이 남성이어야 한다. 이것은 의학에서 신생아를 남성으로 판별할 때 가장 중시하는 조건이기도 하다. 이 조건은 '아이러니'하다. 근대의 이상(ideal)에서 남성성은 과학적 합리성과 이성을 대표한다. 비합리적이고 우발적인 사건은 언제나 비남성성에 속한다. 아울러 자연적인 것, 생물학적 본능에 따른 것도 남성성의 성질은 아니라고 회자된다. 남성성은 과학적 이성이며 감정 없는 판단이어야 한다. 하지만 이런 과학과 이성을 자신의 밑절미 삼은 의학과 의료 기술 기획이 규정한 남성/성은 외부 성기와 재생산 능력에 근거하고 있다. 이것은 아이러니지만 아이러니가 아니다. 성폭력 가해 남성이나 성 구매 남성이 가장 많이 하는 항변은 '남성의 성욕은 생물학적 본능'이라는 것이다. 이런 식의 항변은 성폭력 가해와 폭력을 정당한 것으로 설명하려는 시도이자 생물학 혹은 의학을 본질주의로 만들고 규범으로 만드는 과학적 실천이다. 즉 근대적 이성, 과학적 합리성은 거의 언제나 남성(혹은 지배 규범)의 욕망에 정당성을 부여하는 실천 양식이다. 따라서 '남성의 성욕은 생물학적 본능'이라는 식의 언설은 의료 기술과 근대가 기획하는 남성성의 핵심을 요약한다.

앞서 언급했듯, 외부 성기는 일상의 대인 관계에서는 결코 드러나지 않는다. 공중 목욕탕처럼 제한된 곳이 아니라면 늘 숨겨져 있다. 하지만 몸의 다른 특징, 이른바 생물학적 특징을 통해 외부 성기는 언제나 분명한 것으로 인식된다. 어떤 이의 외모를 피상적으로 인지하고선 외부 성기 형태가 분명하다고 가정하며, 그 사람의 젠더 역시 명징하다고 해석한다. '모호'한 외부 성기 형태는 지배 규범적 상상의 한계/경계에 존재할 뿐이다. 그래서 어떤 이들은 외부 성기가 화상 진단표에서는 1퍼센트의 비중을 차지할 뿐이지만 문화적으로는 절대적 비중을 차지한다고 비판한다.[40] 이 글 서두에서 언급한 댓글의 반응, 외부 성기 재구성 수술을 하지 않은 mtf/트랜스여성의 호적상 성별 정정을 허가한 판결에 그러면 목욕탕은 어떡하냐는 댓글 반응이 바로 이 지점을 분명하게 드러낸다. 외부 성기 형태는 공적 공간에서 결코 드러날 수 없고 그 형태가 어떤 모습인지 알 수 없다. 남성의 외부 성기 형태, 여성의 외부 성기 형태는 상상으로 가정되는 모습은 있지만 그것은 망상적 가정일 뿐 개개인의 실제 형태와는 무관하다. 하지만 태어날 때 남성으로 지정받았다는 정보, 수술을 하지 않았다는 그 정보만으로 이미 외부 성기 형태를 안다고 가정

40) David Valentine & Riki Anne Wilchins, *One Percent on the Burn Chart: Gender, Genitals, and Hermaphrodites with Attitude*, Social Text 52~53.3~4, 1997, p. 215.

한다. 아니 가정하지 않고 확신한다. 그래서 목욕탕 출입을 문제 삼을 수 있는 것이다. 아울러 목욕탕을 비롯한 공공장소가 이원 젠더 체계에 따라 구성되어 있다는 사실을 문제 삼기보다 그 체계에 부합하지 않는 몸을 문제 삼고, 병리화하고, 비난한다. 그렇게 음경과 남성, 남성성의 관계를 공고하게 만드는 데 다 같이 공모한다.

인류학자 데이비드 발렌타인(David Valentine)과 오랜 트랜스 활동가 리키 윌친스(Riki Anne Wilchins)의 지적처럼, 이 시대는 섹스를 생각해야 하는 시대일 뿐만 아니라 외부 성기를 생각해야 하는 시대이기도 하다. 너무도 당연한 것으로 가정하기 때문에 간과하고 있거나 자연 질서로 여겨 질문하지 않을 뿐이다. 외부 성기 형태가 한 개인을 사람으로 인식할 수 있도록 하는 핵심 장치이자 살 만한 삶을 결정하는 밑절미란 점을 이해한다면, 섹스-젠더를 문화적 해석이라고 간단하게 말하는 것으로는 충분하지 않다. 섹스-젠더와 의료 기술의 관계와 관련하여 이 글에서 논하는 것은 극히 일부이다. 이보다 더 많은 논의가 나와야 하고 트랜스젠더퀴어와 인터섹스, 그리고 비트랜스와 비인터섹스의 몸과 그 몸을 통한 경험을 더 복잡하게 논해야 한다. 그래야만 섹스-젠더라는 분석 틀에서 자유로울 수 없는 개인의 삶을 조금 더 풍성하게 설명할 수 있고 트랜스젠더퀴어/비트랜스, 인터섹스/비인터섹스와 같은 도식적 이해를 피할 방법을 모색할 수 있다. 아울러 외부 성기와 남성/여성, 남성성/여성성의 단선적 연결을 피하며 전혀 다른 젠더 실천을 상상하고 사유할 방법을 모색할 때 도식적/단선적 사유로 인해 다른 젠더화된 삶을 사는 이들을 배제하고 삭제하는, 바로 그 권력 작동/장치를 문제 삼을 수 있다.

보편성의 정치와
한국의 남성성

– 루저에서 페미니스트까지

엄기호 | 사회학과에서 문화 이론을 공부했다. 교육공동체 '벗'의 편집위원으로 활동했다. 사람의 감수성이 어떻게 만들어지고 변모하는지에 대해 관심이 많다. 현재는 학생뿐 아니라 두루두루 사람들을 만나 이야기를 나누고 배우는 일을 주업으로 하고 있다. 지은 책으로 《나는 세상을 리셋하고 싶습니다》, 《단속사회》, 《교사도 학교가 두렵다》 등이 있고, 함께 쓴 책으로 《노오력의 배신》, 《공부 중독》 등이 있다.

2016년은 한국 여성 운동에서 '특이점'의 해로 기억될 만하다. 다른 무엇보다 강남역에서 한 여성이 단지 여성이라는 이유만으로 무참히 살해되었다. 살해범의 동기가 무엇이었든 이 사건은 한국 여성들이 자신들의 운명을 집단적으로 자각하게 했다. 그 자각을 여성들은 "우리는 우연히 살아 있다."라는 말로 표현했다. 가족과 학교, 직장과 길거리를 가리지 않고 여성의 생명에 가해지는 위협이 구조적인 것임을 자각한 것이다.

이 자각에 따라 여성들은 과거와는 달리 행동하기 시작했다. 과거에는 이런 사건이 벌어지면 개인이 조심하는 수밖에 없다고 생각했다. 여성들이 집단적으로 목소리를 내기 힘들었고 설령 목소리를 내도 반향이 크지 않았다. 그러나 이제 여성들은 이런 문제가 더는 개인의 노력으로 해결될 수도 없으며, 해결되어서도 안 된다는 점을 강조하기 시작했다. 20~30대의 젊은 여성들을 중심으로 해서 집단적 행동이 나타났다. 반향이 없으면 반향을 만들겠다고 선언했으며, 자신들에게 일어나는 일을 또박또박 말하고 맞받아치기 시작했다. 여성들이 공론의 장에 전면적으로 등장한 것이다.

여성들의 '공적 등장'은 필연적으로 남성들의 반응을 불러일으켰다. "어디서 여자가 까부느냐."는 전통적인 목소리도 여전히 있었고, 기사도의 외피로 여성들을 보호해야 한다는 입장도 있었다. 그러나 과거와는 다른 독특한 '반응'들이 나타났다. 한쪽에서는 여성만 피해자가 아니라 남성도 피해자라는 항변의 목소리가 20~30대 젊은 남성들 내부에서 나타났다. 이들의 항변에 대해 사회, 특히 남성들의 반향은 컸다. 그 반대편에는 '사실'과 '보편'의 언어로 비판하며 자신을 페미니스트로 정체화하는 데 주저하지 않는 남성들이 나타났다. 이 또한 새로운 현상이다. 과거 페미니즘의 세례를 받았던 남성들 중에 '감히' 스스로 "나는 페미니스트다."라고 선언하는 경우는 없었기 때문이다.

피해자 대 기득권자

먼저 자신들도 피해자라고 주장하는 남성들의 이야기를 들어보자. 이중에서 정의당 게시판에 글을 올린 한 20대 청년의 글이 인상적이다. 그는 자신이 찌질하다고 고백하는 데 주저함이 없다. 그리고 이런 식으로 항변하는 것도 찌질하다는 것을 '알고 있다'고 말한다. 그럼에도 불구하고 그는 말을 한다. 과거라면 자신이 찌질하다는 것을 감추려 하거나 찌질함마저 남성다움(manliness)의 일부로 과시하려 했을 것이다. 그러나 그는 자신의 찌질함을 남성다움의 일부로 과시하지 않는다. 오히려 그것이 이 시대의 보편적 남성성(masculinity)이라고 정의하며 자기 이야기를 한다.

내 경험에 따르면 그의 이야기는 다른 일반적인 '보통' 남성들의 생각과 다르지 않다. 20대 남자 청년들에게 물어보면 대체로 그의 이야기가 자기 이야기라고 말하면서 그의 견해에 공감한다. 단적으로 말해 경험적으로 자신들은 기득권자도 아니고 여성들에 비해 특혜를 받은 것도 없다는 것이다. 초등학교에서부터 남자라고 해서 더 칭찬을 받지도 않았고 유리한 점도 없었다. 과거처럼 반장은 으레 남자 몫이고 여자는 부반장을 맡지 않는다. 성적도 여학생들이 더 좋으며 교사들의 칭찬도 여학생들이 더 많이 받는다. 대신 남학생들이 교사나 부모로부터 가장 많이 듣는 말은 "하지 마라"는 말이다. 늘 무슨 일을 저지를지 모르는 위험한 존재로 취급되고 행동은 금지되고 억압받았다는 게 이들의 공통된 경험이다. 그런데 자신들이 어떻게 특권을 가진 기득권자냐고 반문한다. 더구나 이들은 자신들이 남자라서 손해 보는 게 더 많다고 말한다. 결정적인 것이 '군대'다. 군대를 다녀와도 이제는 사회적으로 특혜를 받는 것도 없다. 다만 시간을 허비하는 데 불과하다. 이것은 또래 여성들이 경쟁에서 살아남기 위해 그 시간에 더 많은 스펙을 쌓는 것과 비교하면 절대적으로 불리하며 손해 되는 경험에 지나지 않는다. 군대에서 배우는 것도 없고 얻는 것도 없다. 그렇기 때문에 남자는 특권이 아니라 손해를 보는 존재라는 게 이들의 공통된 경험이다.

이들이 남성은 이제 기득권자가 아니라고 선언하는 것은 자신들의 '경험'에 근거한 '사실'이다. 그리고 과거의 남자라면 자기가 여자에 비해 손해를 본다고 말하는 것 자체가 자신의 남성다움을 훼손하는 것이라 감추겠지만 자신들은 더는 그럴 수 없다고 말한다. 그런 식으로 남성다움을 과시하는 것은 아무런 실익이 없다고 보기 때문이다. 그래서 이들은 사실 과거 마초들의 세계를 그리워하는 게 아니라 지겨워한다. 다시 말하지만 자신들에게 아무런 이득이 되지 않기 때문이다. 이것이 바로 이들의 등장을 과거와 달리 보아야 하는 이유다. 이들은 과거의 남성 기득권자 마초와 동일하지 않은 존재다.

흥미로운 것은 이 남성들을 비판하는 또 다른 남성들의 등장이다. 물론 마초들과 남성폭력을 비판하는 남성들은 이전에도 있었다. 그러나 앞에서 이야기한 것처럼 이전 세대들은 스스로 '페미니스트'라고 선언하지는 않았다. 생물학적 남성으로서 자신의 경험이 여성의 경험에 닿을 수 없다고 생각했기 때문에 자기를 '페미니스트'라고 선언하지 않는 것이 이전 시대에는 일종의 합의된 '미덕' 비슷한 것이었다. 이와 다르게 남성 중심주의와 가부장제를 비판하는 젊은 남성들 사이에서 스스로를 '페미니스트'라고 부르는 데 크게 저항감을 느끼지 않는 남성들이 나타났다. 물론 이들은 남성으로서 자신의 경험이 '동료' 여성들의 경험과 같을 수 없으며 한계가 있다는 것은 인정하지만, 그 한계가 스스로를 '페미니스트'라고 부르지 못하는 이유가 되지 않는다고 여긴다. 오히려 그런 '겸손의 언어'가 성과 성차별에 대한 생물학주의를 강화한다고 비판한다. 또한 "나는 페미니스트는 아니지만……"이라는 말이 페미니즘에 도움이 되는 것이 아니라 페미니즘을 유별나고 예외적인 것으로 만든다고 생각한다. 따라서 적극적으로 "페미니스트"라고 말하는 게 낫다고 말한다.

이들이 남성도 피해자라고 주장하는 남성들을 비판할 때 사용하는 언어도 과거와 비교하면 흥미롭다. 과거에는 남성들이 남성 우월주의적 남성을 비판할 때 폭력성과 반인간적인 측면을 강조하며 정서적으로 호소하는 경향이 있었다. 그러나 남성 페미니스트들은 지금 젊은 남성들의 언어를 보면서 폭력성을 강조하는 것만큼이나 그 후진성을 강조한다. 남성 우월주의는 폭력적인 것만이 문제가 아니라 후진적인 것이며 남성 우월주의를 벗어나지 못하는 것 역시 그 남성의 후진성을 드러내는 데 지나지 않는다는 것이다. 자신의 경험에 기대어 남성 역시 이 시대의 피해자라고 주장하는 것이 지적 후진성의 대표적인 사례이다. 사유란 자신의 경험에 머무르는 것이 아니라 자신의 경험으로부터 거리를 두고 그것이 '과연 그러한지'를 점검하는 행위다. 이런 성찰성이야말로 인간의 지적 행위라 할 수 있는데, 오로지 자신의 경험에 기대어 세계를 해석하는 것은 자기 연민 속에서 허우적거리는 지적 게으름과 후진성과 다름이 없다. 그래서 이들은 남성도 피해자라는 말에 대해 OECD나 국제연합 같은 곳에서 발표한 여러 통계를 근거로 삼아 신랄하게 비판한다. 이 모든 데이터들이 말해주는 것은 남성들의 주관적 경험이 사실과 부합하지 않는다는 점이다.

개별적으로는 주관적 경험과 사실이 부합하는 경우가 있다 하더라도 사람은 자신이 한 경험이 보편적인지 아닌지 성찰할 수 있어야 한다. 그런 과정 없이 자신의 경험만을 절대화하여 이야기하는 것은 성찰적이지 않다. 더구나 이들이 말하는 남성들의 처지와 여성들이 일상적으로 경험하는 차별과 폭력, 모욕과 혐오는 비교가 가능하지 않을 정도로 질적 차이가 있다. 대표적으로 '안전 이별'이란 말이 있다. 남녀가 헤어지고 나서 남성은 복수를 걱정하지 않지만 여성은 보복을 당하지 않을까 두려워한다. 실제로 협박에서부터 살인에 이르기까지 많은 사건들이 일어난다. 이런 상황에서 자신의 경험을 타인의 경험과 비교하며 자신의 위치를 성찰하는 것이 지성의 역할이다. 그런데 남성들이 자신도 피해자라 말하는 것은 자기 연민에 빠져 최소한의 성찰성도 발휘하지 못한다는 말에 지나지 않는다. 그래서 남성 페미니스트들은 남성들의 자기 연민, 자기 경험의 절대화에 대해 "생각 좀 하고 살라."고 말한다. 생각은 경험에 머무는 게 아니라 성찰을 거쳐 경험으로부터 '사실'로 나아가는 것이기 때문이다.

'사실'에 이어 남성 페미니스트들이 사용하는 비판의 무기는

'인권'이다. 이들에게 인권이란 '보편적 언어'다. 내가 특히 이들의 비판에 관심을 두게 된 것이 바로 이 '보편적 언어'를 보편적으로 사용한다는 점이었다. 보편적 언어를 보편적으로 사용한다는 것은 그 말을 예외 없이 적용한다는 말이다. 예를 들어 이슬람 지역이라 해서 그들의 문화적 특성이나 역사적 맥락을 고려하면서 인권을 적용한다면 그것은 인권의 보편성을 훼손하는 일이다. 따라서 여기에는 예외가 있어서는 안 된다. 특수성을 강조하며 예외가 되려는 것은 자신의 후진성에 대한 고백과 다름이 없다. 후진 사회일수록 예외를 강조한다. 보편성에서 벗어난 사회는 '다른' 사회가 아니라 '후진' 사회인 것이다.

남성은 지금까지 보편성의 담지자로 여겨졌다. 그들의 경험이 보편의 준거점이며 그들의 언어가 보편의 언어였다. 그들은 보편의 언어를 독점하고 성인-남성이 아닌 다른 존재를 타자로 규정해 왔다. 자신들만이 온전한 인간이며 다른 존재들은 '부족한 인간'으로 규정했다. 당장 머릿속에 '사람'의 이미지를 떠올려보라. 학생들에게 그 사람이 남자냐 여자냐, 장애인이냐 비장애인이냐, 성인이냐 어린아이냐고 물어보면 이 사람의 보편적 실체가 무엇인지 바로 드러난다. 성인 비장애인 남성이다.

스스로를 보편자의 위치에 두고 무엇이 보편인지를 정의한다는 점에서 남성들만이 사실상 주권자였다고 할 수 있다. 그리고 이렇게 남성들이 자신을 주권자로 선언할 수 있었던 것은 국민국가라는 배후가 있었기 때문이다. 그들은 노동을 통해 국민국가 건설의 주역이 되었으며 국방의 의무를 통해 주권을 지키는 주권자가 될 수 있었다. 즉, 근대 사회에서 보편성이란 국민국가를 기초로 삼고 있다.

그런데 신자유주의적 자본의 전 지구화가 국민국가의 위상을 흔들었다. 일부에서 주장하는 것처럼 개별 국가의 힘이 약해지고 작은 정부를 지향하며 시장의 힘이 국가의 힘을 능가하게 되었다는 의미가 아니다. '보편'에 대한 절대적 권력을 독점하던 국민국가의 위상이 상대화되기 시작했다는 말이다. 이전 시대에는 국제연합 같은 국제 기구는 국민국가의 주권적 절대성에 대한 보조적 성격을 지닌 것에 불과했다. 국제연합이 인권이나 인도주의에 대한 국제 규범(norm)을 정초한다 하더라도 그것은 보조적인 성격이었다. 한 나라의 영토 안에서 보편성은 개별 국가에 의해 정초되었다. 그렇기 때문에 국민국가의 건설자이자 수호의 주권자로서 남성은 보편성의 담지자가 될 수 있었다.

그러나 자본의 전 지구화를 거치며 국민국가가 상대화되면서 보편에 대한 인식이 달라졌다. 자본의 전 지구화는 자본이 유통될 수 있는 보편적 규칙을 필요로 한다. 이 규칙은 단지 자본만을 위한 것은 아니다. 자본의 교류는 곧 사람들 사이의 교류를 낳고 사람들 사이의 교류는 공통된 문법을 필요로 한다. 따라서 자본의 전 지구화 체제에서는 보편적 규칙과 그 규칙 안에서의 다양성에 대한 관용, 이 두 가지 모두가 필요하다.

이를 대표적으로 잘 보여주는 예가 로마다. 로마는 로마법이라는 보편적 규칙의 자장 안에서 다양성과 관용을 허용하며 통치했다. 보편의 법을 어기지 않는 한 차이는 문화적 관용으로 용인되었지만 법에 도전하는 순간 가차없는 응징이 가해졌다. 로마가 제국이 될 수 있었던 것은 바로 이런 보편적 규칙을 세웠기 때문이다. 로마의 시민이 된다는 것 역시 마찬가지다. 국지적 지식, 국지적 상황이 아니라 보편적 규칙 내에서 국지적 다양성을 관용할 줄 아는 것이 로마의 시민적 태도가 된다. 이것이 문명이며, 이에 반하는 것은 야만이며 후진적인 것이 된다. 보편에 대한 감각이 없다면 기껏해야 국지적 기득권자에 만족해야 했다.

나는 이런 점에서 앞에서 기술한 남성성의 두 양상이 주권을 둘러싼 질서의 재편과 긴밀히 맞물려 있다고 생각한다. 그저 국민국가의 주권자로서 관성적으로 살아오던 남성들은 경제적인 수준에서부터 주권자의 위상에 이르기까지 근본적 위기를 경험하고 있다. 이들 중 다수는 자본의 전 지구화가 자신을 소외시키고 배제하고 있다고 생각하며 과격하게 반응한다. 브렉시트에서부터 트럼프의 당선에 이르기까지 일관되게 나타나는 모습이다. 나는 한국 남성들 다수가 보여주는 반응 역시 이 경향과 다르지 않다고 생각한다.

그 반대편에서는 그동안 강요되어 온 국민국가적 '보편성'을 거부하는 남성들이 출현하고 있다. 이들은 국민국가를 넘어서는 보편성을 옹호하고 그 보편성에 기대어 사회를 재조직화해야 한다고 생각한다. 이들은 국가 안에 갇혀 있는 것을 거부하고 경멸한다. 따라서 이들이 상대방을 공격하는 언어는 언제나 상대를 '국지화'하는 전략을 사용한다. 국지적인 것에 안주하려는 것은 낙후된 것이다. 이 과정에서 이들이 동원하는 것이 '문명' 담론이다.

남성의 위기, 노동에서 추방되고 국민권을 박탈당하다

먼저 국민국가를 요청하는 남성성이 등장하게 된 맥락과 그 다양한 양상을 살펴보자. 근대 자본주의는 약탈이나 전쟁이 아니라 노동을 통해 부를 창출한다.(이 말이 근대 자본주의에서 전쟁이 없어졌다는 말은 아니다.) 따라서 노동력을 생산하고 관리하고 재생산하는 것이 국가 정책의 핵심이 된다. 그리고 이 노동력은 당연히 '남성'을 의미했다. 사실 엄청나게 많은 어린이와 여성들이 이미 노동 현장에 동원되었는데도 그들의 노동력은 노동 강도나 기여도와 상관없이 '보충'으로 취급되었다. 처음에는 재산을 가지고 있던 부르주아들이, 그리고 뒤이어 자신의 신체와 노동력을 지니고 있던 노동자 남성들이 시민권을 획득하게 되었다. 이제 남성들이 자신을 국민 혹은 시민으로 여기는 것은 난민이 되지 않는 한 대단히 자연스러운 일이 되었다. 노동하는 남성이 시민 혹은 국민이 되지 않는 것은 상상할 수 없는 일이 된 것이다.

그런데 세계적으로는 1970년대가 기점이었고, 한국에서는

1997년 외환 위기와 더불어 급격한 반전이 시작되었다. 자본주의의 헤게모니가 완전히 금융 자본으로 넘어가게 되었다. 부의 원천이 이제 노동이 아니라 금융이 되면서 노동의 세계는 급격히 위축된다. 더구나 실물 경제와 무관하게 돌아가는 금융 자본의 축적은 부를 축적하는 과정에서 점점 더 노동을 쓸모없는 것으로 만들었다. 이에 더해 소비 자본주의의 확산은 노동의 영역에서 남성적인 가치보다 여성적인 가치를 더 생산적이고 효율적인 것으로 여기게 만들었다. 서비스 산업을 필두로 하여 전체 산업 영역에서 감정 노동이 일반화[1]되었다. 마초로 군림할 수 있었던 남성들은 중공업이 사양 산업이 되면서 점점 더 노동의 주변부로 밀려났다고 생각했으나 실상은 그 반대였다. 경제 위기의 여파로 노동 시장에서 밀려난 건 주로 여자였지만 남자들의 실직만 부각되었다.[2] 하지만 새로운 노동에 더 빨리 적응한 것은 여자였다. 금융 위기 이후 텔레마케팅처럼 사람의 감정을 다루는 사업이 발달하면서 그 자리에는 해고하기 쉽고, 값싸고, 사람의 감정을 남성보다 더 잘 다루는 여성들이 진출했다.

조직 안에서도 마찬가지이다. 조직이 중요하게 생각하는 것은 조직을 효율적으로 이끌어 가는 리더십이다. 조직을 효율적으로 이끌어 가는 데는 남성적인 결단력과 과감함도 필요하지만 동시

---

1) 앨리 러셀 혹실드, 《감정 노동-노동은 우리의 감정을 어떻게 상품으로 만드는가》, 이가람 옮김, 이매진, 2009.
2) 권김현영, 이 책, 교양인, 2017.

에 여성적 가치로 여겨지는 포용과 이해의 능력 역시 중요하다. 에바 일루즈(Eva Illouz)는 《감정 자본주의》라는 책에서 이것이 명백히 여성적 감수성이며 여성적 리더십이라고 단언한다.[3] 여전히 전 지구적으로 리더십의 상층부는 남성들이 차지하고 유리 천장이 분명히 존재하지만 조직이 굴러가는 방식 자체에서 점차 더 중요한 가치로 부각되는 것은 감정을 다루는 능력이다. 조직은 여전히 남성적이고 여성적 가치가 확산되는 것이 아직 부족하지만 여성들에게 과거와 비교할 수 없는 기회를 제공하고 있고, 이것이 또한 '감정 자본'을 거의 가지고 있지 못한 남성들에게 위협이 되고 있다는 것이 이 책의 주장이다.

다른 한편에서 소비 자본주의의 확산은 남성다움의 가치를 점점 쓸모없는 것으로 만들고 있다. 슬라보예 지젝(Slavoj Zizek)에 따르면 우리는 '즐겨라'라는 구호가 지상 명령이 된 사회를 살아가고 있다. 게다가 우리가 즐기는 것들은 완벽하게 위험이 통제되거나 제거되어 있다. 이를테면 카페인 없는 커피, 제로 칼로리 콜라, 알코올 없는 맥주 같은 것이 대표적이다. 이런 위험이 없는 모험, 즐거움의 핵심인 위험과 금기가 없는 즐거움의 공간은 바로 디즈니랜드 같은 놀이동산이다. 우리가 살아가는 사회 전체가 디즈니랜드가 되어 가는 것이다. 이런 상황에서

---

3) 에바 일루즈, 《감정 자본주의-자본은 감정을 어떻게 활용하는가》, 김정아 옮김, 돌베개, 2010.

우리는 오히려 즐기는 것을 의무로 받아들이고 권태로운 것으로 느끼고 있다.

이 문제를 남성성의 위기로 다룬 사람이 하비 맨스필드(Harvey C. Mansfield)이다. 대표적인 신자유주의 철학자인 그는 역설적이게도 신자유주의에 의해 만들어진 남성다움의 위기에 불만을 토로한다.[4] 맨스필드에 따르면 남성다움이란 위험을 두려워하지 않는 용기와 같다. 다른 사람들의 의견을 거슬러 자신의 생각을 억지스럽더라도 밀고 나가는 것, 가끔은 자신의 생명이 위험해 보이는 일이더라도 각오를 하고 앞으로 밀고 나가는 것, 이런 것들이 그가 일컫는 남성다움의 핵심을 차지하는 가치이다. 그런데 세상은 더는 위험과 용기를 치켜세우지 않으며 오로지 안전만을 추구하게 되었다. 위험이 제거된 모험 사회에서 남성다움이란 쓸데없이 문제나 일으키는 거추장스러운 것에 불과한 것이다.

지그문트 바우만(Zygmunt Bauman)에 따르면 국가 역시 노동을 재생산하는 것을 국가 정책의 목적으로 삼지 않는다.[5] 노동의 재생산은 국가의 부를 생산하는 데 오히려 짐이 되고 있다. 따라서 국가는 이제 노동력을 재생산하는 것이 아니라 노동력을

---

4) 하비 맨스필드, 《남자다움에 관하여》, 이광조 옮김, 이후, 2010.
5) 지그문트 바우만, 《쓰레기가 되는 삶들-모더니티와 그 추방자들》, 정일준 옮김, 새물결, 2008; 지그문트 바우만, 《유동하는 공포》, 함규진 옮김, 산책자, 2009; 지그문트 바우만, 《새로운 빈곤-노동, 소비주의 그리고 뉴푸어》, 이수영 옮김, 천지인, 2010.

탈락시켜 쓰레기로 만들고 그 쓰레기를 합리화하는 데 더 초점을 두고 있다. 요컨대 노동의 영역으로 편입하지 못한 사람들에게 네가 왜 잉여가 되고 쓰레기가 되어야 하는지를 납득시키는 것이 국가의 중요한 목적이 된 것이다. 이 통치의 성공과 더불어 남성들은 성공적으로 잉여 처리된다. 이 잉여들은 스스로 국민이라고 느낄 수 없다. 다만 국민의 짐, 시민의 덤으로만 존재한다는 것을 알게 된다. 이런 상황은 대다수 남성들에게 대단히 낯설다. 이들은 언제나 자신들이 국민이며 정치적 주체라는 것을 한 번도 의심해보지 않았던 사람들이기 때문이다. 바로 이런 점에서 볼 때 '촛불'에서 이들이 '국민'이라는 기표에, '시민'이라는 호명에 매혹되고 힘을 받는 것은 어쩌면 당연한 귀결이라 할 것이다.

평등의 문 앞에서 엎어지다 – 찌질이라는 속물

이번에는 삶의 영역으로 돌려서 살펴보자. 노동의 주체로서 남성은 언제나 자신들이 무언가를 살 수 있다는 것으로 여성에 대해 우월감을 증명해 왔다. 여자를 유혹하는 단계에서부터 결혼에 이르기까지, 그리고 결혼 생활을 유지하는 과정에서도 남성들이 여성을 이끌고 스스로 우월한 위치를 차지할 수 있었던 가장 큰 이유는 돈이 있다는 사실 때문이다. 남자의 입장에서 대단히 부등가 교환인 것처럼 보이는 연애 관계는 긴 시간 속에서 본다면 상당히 남는 장사였다고까지 말할 수 있다. 연애하는 동안에 먹고 쓰는 것을 모두 부담함으로써 남자는 반대 급부로 여성들로부터 정서적인 면에서부터 섹스까지 돌려받을 수 있었다. 더 중요한 것은 결혼과 동시에 그동안 투자했던 것을 이자까지 쳐서 완전히 돌려받을 수 있었다. 단기간으로는 부등가 교환이지만 장기적으로는 남는 장사였던 셈이다.

그러나 상황이 급반전했다. 노동이 점점 쓸모없어지자 남성들의 호주머니도 점점 더 얇아졌다. 아니, 더 정확하게 말하면 남성들의 호주머니가 양극화되기 시작했다. 다른 한편 여성들의 노동 시장 진입과 여성의 권리 의식 신장으로 그저 남성이라는 이유로 기득권을 유지하는 것은 불가능해졌다. 노동력을 팔지 못하거나, 비정규직 혹은 임시직에 종사하는 남성들의 연애와 결혼, 그리고 가족사에서 협상력은 급격히 떨어졌다. 더구나 신자유주의는 인간들의 삶을 결정적으로 불투명하게 만들었다. 일부 극소수 사람들을 제외하고는 아무도 자신의 앞날을 계획하고 기획할 수 없게 되었다. 미래는 예측할 수 없는 유동적인 것이 되었다. 이 상황에서 연애가 결혼으로 이어지는 확률은 급격히 낮아졌다. 누군가에게는 결혼은커녕 연애의 기회조차 주어지지 않는다. 일본의 경우 아예 직업이 없거나 겨우 연명할 정도로 돈을 버는 하층 남성들에게 연애는 거의 불가능한 것이 되었다고 한다.[6]

이들은 신자유주의 시대에 남성성 변화의 한 축을 보여주는 사람들이다. 연애든 결혼이든, 그 과정에 들어가는 비용은 이미 한 사람이 감당할 수 있는 임계치를 넘어섰다. 나누지 않는다면 관계는 유지될 수 없으며, 관계를 유지하려 하는 한 그 당사자들은 끊임없이 계산하고 배분하고 함께 짊어지는 것을 실천해야 한다. 그러기 위해서는 자신이 나약하고 힘과 능력이 없다는 것을 인정해야 한다. 문제는 이런 인정이 남성들의 세계에서는 남성성의 거세, 혹은 수치스러운 일로 받아들여진다는 점이다. 그래서 이들은 머뭇거리고 웅얼거리고 투덜거리거나 '거래'를 요구—내가 모든 여행 경비를 제공했으니 당일에 올라가자고 말하지 말라는 식으로 경제와 섹스를 교환할 것을 요구하는, 지루할 정도로 전통적인 방식 말이다.—하는 것으로 만회하려다가 찌질이로 낙인찍히고 만다. 평등에 대한 요구의 문 앞에서 엎어진 자, 그들이 찌질이다.

평등? 나 혼자 즐기련다 – 동물이 된 우아한 초식남

이 찌질이들의 반대편에 있는 남성들이 '잘나가는' 초식남이다. 물론 초식남들이라 해서 다 잘나가는 것은 아니다. 그중에는 연애의 피곤함으로부터 물러난 소박한 초식남도 있으며 과거

---

6) 야마다 마사히로, 《우리가 알던 가족의 종말-오늘날 일본 가족의 재구조화》, 장화경 옮김, 그린비, 2010.

의 연애에서 상처를 받아 다시는 연애를 꿈꾸지 않는다는 소심한 초식남들도 있다. 애초부터 성욕이나 독점욕이 강하지 않기 때문에 조용히 살고 싶어 하는 '오리지널' 초식남들도 있다. 하지만 이 글에서 주목하는 초식남은 자신이 가진 것을 다른 이와 나누기 싫어하면서 자신이 누리는 것을 포기하지 않겠다고 결심한 사람들이다.

이들은 신자유주의 남성성의 다른 한 측면이다. 욕망이 결핍을 의미하고, 그 결핍이 영원히 채워지지 않는 것이라 한다면, 이들에게는 인간을 인간으로 만드는 결핍이 없다. 다만 이들에게는 충만함과 쾌락 추구만이 있을 뿐이다. 이 추구에서 다른 사람은 존재하지 않거나 다만 순간순간을 함께하는 도구에 지나지 않는다. 타자가 필요 없거나 타자가 단지 도구로만 존재하는 인간, 자기 자신만을 즐겁게 하고 자기 자신만을 즐기면서 모든 에로틱한 에너지가 자기 자신에게 집중되어 있는 인간. 알렉상드르 코제브(Alexandre Kojève)의 정의에 따르면 이 인간은 이미 '동물'이다. 동물이란 "소비자의 요구가 가능한 한 타자의 개입 없이 순식간에 기계적으로 충족되도록 날마다 개량"[7]된 결과가 아닌가. 이런 동물에게서는 도저히 공적인 영역이 발생할 여지가 없다. 인간의 가장 큰 특징인 공공성을 완전히 포기하고

---

7) 아즈마 히로키, 《동물화하는 포스트모던-오타쿠를 통해 본 일본 사회》, 이은미 옮김, 문학동네, 2007, 150쪽.

사적인 쾌락과 영역에만 머무르는 인간, 이 인간이 바로 초식남
이라는 동물들이 만드는 세계이다.

평등! 남녀 간의 평등 말고 남성들 간의 평등
– 괴물로 진화하는 사이버 마초

정치의 영역에서 자신들이 한 번도 의심해보지 않은 국민의
자격을 박탈당하고, 삶의 영역에서 역시 한 번도 의심해보지 않
은, 여성을 소유하는 것이 불가능해진 것을 깨달은 남성들. 이들
이 자신들을 정치적으로, 남성으로 재주체화할 수 있는 곳이 사
이버 공간이다. 많은 여성들이 사이버 공간을 생활의 팁과 정보,
경험이나 팬덤의 공간으로 사용하다가 광우병 사태의 촛불 투
쟁에서 이 공간들을 정치화한 것이라면 남성들에게 인터넷은 그
자체로 정치적 공간이다. 이 정치적 공간에서 남성들은 그들 사
이의 정치에 열중하든가, 아니면 현실 정치에 팬덤으로 참여한
다. 그래서 우리는 인터넷 공간에서 극단적인 남성성, 남성성의
극단적인 표출을 보게 된다. 많은 이들이 이 현상을 두고 한국
남성들이 얼마나 마초적이고 찌질한가를 보여주는 것이라 하지
만, 사실은 오히려 이 공간들이 남성들에게 그 곳에서 활동할 수
있는 자격을 검증하기 위해 이러한 마초적 발언과 행동을 요구
한다고 볼 수 있다. 이것을 다시 인사이드를 분석한 이길호의 논
문[8]을 통해서 살펴보도록 하자.

수많은 사이버 공간 중에서도 가장 극단적인 마초성을 드러내는 곳이 바로 디시 인사이드이다. 디시 인사이드 어느 곳에서나 벌거벗은 여성들의 사진을 첨부 파일로 올려놓은 것을 발견할 수 있다. 사실 벌거벗은 사진 정도가 아니라 포르노이다. 첨부된 포르노가 새로운 것일수록, 그리고 그 정도가 심할수록 더욱 환영을 받는다. 이것을 '떡밥'이라 부르는데, 이 떡밥의 참신성과 과격함이 사용자들에 대한 환영의 정도를 결정한다. 지위와 위계에 역사성이라고는 없는 이 공간에서 누군가는 십 년을 활동하더라도 제대로 된 떡밥을 던져보지 않으면 존재하지 않는 인간으로 취급되지만 누구는 단 한 번 제대로 된 떡밥을 던짐으로써 일약 그 게시판의 영웅으로 떠오른다. 물론 대단히 순간적인 일이긴 하지만 말이다.

이길호는 이런 남성적 에토스가 극단적으로 표출되는 디시 인사이드를 파푸아의 남성 의례와 비교한다. 파푸아에서는 성인식을 치를 때 강제로 소년을 강간하기도 하고 어른들의 정액을 먹이기도 한다. 디시 인사이드에서 보이는 극단적인 남성적 에토스는 파푸아의 의례와 다르지 않다. 이길호에 따르면 디시 인사이드는 대놓고 발설하는 마초들의 공간이며 여성 혐오로 가득 찬 공간이다. 이들은 여성이 발견되면 바로 추방하고, 여성적으

---

8) 이길호, 〈우리는 디씨 : 사이버 스페이스에서 증여, 전쟁, 권력〉, 서울대학교 인류학과 석사논문, 2010.

로 행동하는 사람들을 게이라고 비웃고 이지메를 가한다. 이런 조치를 통해 그들은 수직적으로 분화되거나 혹은 정기 모임 등을 열어 폐쇄적으로 흐를 가능성이 있는 공동체를 수평적이고 개방적인 형태로 유지한다고 이길호는 주장한다. 기본적으로는 남성적인 언사를 극단적으로 표출하는 것은 여성 없이 재생산을 감행해야 하는 이들의 운명이기도 하다. 자신들의 언어를 표식으로 삼아 그것을 견딜 수 있는 사람들만을 계속해서 유입하게 함으로써 공동체가 살아남게 하려는 몸짓이라는 것이다.

공동체는 일시적으로 남기고 축적되는 일 없이 사라지는 증여를 통해서 유지된다. 그런데 여성은 공동체를 한 곳에 정착시켜 버리고 남성들 간의 평등을 깨고 위계를 발생시키는 위험한 '물건'이다. 자본과 여자는 남성을 주인과 노예로 양분한다. 자본과 여자가 축적이 가능한 '물건'이기 때문에 남성들 사이에 필연적으로 자본과 여자를 축적하려는 경제를 발생시켜 수직적인 위계 구조로 이어진다. 이를 통해 모두가 주인이었던 남성은 주인과 노예로 양분되는 운명에 처한다. 따라서 남성을 주인과 노예로 양분할 가능성이 있는 여성과 자본의 축적은 공동체에서 배제되어야 한다. 이것이 사이버 공간들이 극단적인 형태로 마초적 언사를 반복적으로 수행하고 그것을 견디라고 요구하는 이유이다. 이런 점에서 본다면 마초들이 이 공간으로 모여드는 것이 아니라 이 공간들을 거쳐서 마초들이 만들어지는 것이다.

여기에서 우리는 이들이 항변하는 평등의 주체가 남자와 여자가 아님을 알 수 있다. 이들이 주장하는 평등이란 남성들 '간'의 평등이다. 신자유주의와 양극화에 따라 남성은 자본과 여성을 소유할 수 있는 자들과 소유할 수 없는 자들로 나뉘었다. 현실의 이 세계는 여성과 자본을 소유할 수 없는 자들을 주인이 아니라—국민이란 말 그대로 나라의 주인이지 않은가?—노예로 만들었다. 여성의 교환과 소유를 통해 보증되던 남성들 간의 가정된 형제애는 심각하게 훼손되었고 그 결과 '남성' 사이의 연대는 불가능해졌다. 시급한 것은 이 남성들 간의 연대를 복원하는 일이다. 따라서 모든 남성들은 여성이 되어버린 '게이'들과 '초식남'을 처단하고 형제애의 공동체를 복구해야 한다. 그래서 이 공간에서는 끊임없이 군대와 군가산점에 대한 요구와 '꼴페미'들에 대한 처단의 이야기가 반복되어 나타날 수밖에 없다. 남자는 이러한 과정 속에서 검증되고 만들어지고 수행되는 것이다.

　노예가 없고 주인들만 있는 이 공간, 폭력과 욕설이 난무하는 이 공간은 그래서 형제'애'의 공간이다. 더는 재산과 여성을 소유할 수 없는 이들, 혹은 현실에서는 재산과 여성을 소유하고 있으나 소유하지 못하고 있는 척하는 이들이 모이기에는 최적의 장소이며, 이들이 '먹는 입'이 아니라 '떠드는 입', 즉 '배설하는 입'이 될 수 있는 공적인 공간이다. 이들의 남성적 형제애를 보증하는 것이 바로 여성의 교환이다. 그러나 현실에서 여성을 교환할 수 없는 이들은 여성에 대한 포르노 이미지를 교환하는 것으로 대체한다. 여성의 이미지를 교환함으로써 이들은 모두가 동등한 자유민이 될 수 있다. 자유민이 모여 떠드는 공간이 바로 공적 공간이 아니던가?

최근 남성들이 가상 세계에서 자신들의 공간, 자신을 환대하고 자신들이 입으로 존재할 수 있는 공간을 발견한 것은 이런 이유에서이다. 물론 이들이 말하는 환대는 여성적인 따뜻한 환대가 아니다. 오히려 파푸아의 남성 의례처럼 폭력적이고 굴욕적이며 욕설을 늘어놓는 그런 환대이다. 그것이 남성적인 것이다. 이길호가 반복해서 말하는 것처럼 이것은 동어 반복이다. 그러한 환대가 남성적인 이유는 남성 공동체가 그것을 수행하기 때문이며, 남성 공동체가 그러한 환대를 수행하는 이유는 그것이 남성적인 것이기 때문이다. 여기에는 생물학적인 것이 끼어들 여지가 없다. 이것은 분명히 정치적으로 구성된 것이기 때문이다.

물론 다시 인사이드와 카페, 그리고 개인들이 만들어놓은 다른 사이버 공간은 다르다. 결정적으로 그 조직 구성이 수평적인가 혹은 수직적인가 하는 것이 다르다. 그러나 이길호의 논의를 확장하면 남성들이 주로 모이는 '정치적 공간'으로서 사이버 공간들은 한결같은 특징이 있다. 그 사이버 공간들은 다시 인사이드이건 카페이건 혹은 아고라와 같은 형태이건 끊임없이 전쟁을 수행한다는 점이다. 전쟁은 그 공간 안에서도 수행된다. 대부분 전쟁은 그 공간의 정체성을 둘러싸고 목숨을 걸고 벌어진다. 누가 그 공간의 이름을 전유할 것인가가 공간 내에서 벌어지는 전쟁의 핵심이다. 아고라는 누구의 것인가, 그리고 아고라는 무슨 일을 해야 하고 어떻게 작동해야 하는 곳인가. 한편 전쟁은 그 내부와 외부 사이에서도 벌어진다. 아고라가 외부로부터 공격을 받을 때 이들은 단호하게 뭉쳐서 외부와 전쟁을 벌인다. 진보신당 게시판에서 활동한 적이 있는 한 아고라인이 가장 즐겨 사용하는 언사는 이런 것이다. '지식인들의 아고라 폄훼에 대하여'. 이런 말은 내부를 단결시키고 외부와 끊임없이 전쟁을 벌일 것을 선동한다.

카를 슈미트(Carl Schmit)에 따르면 적과 동지의 구분이야말로 '정치'의 가장 기본적인 특징이 아닌가? 적과 동지가 구분되는 순간, 필요한 것은 전쟁이다. 클라우제비츠(Carl von Clausewitz) 역시 전쟁을 정치의 끝이 아니라 다른 수단을 통한 정치의 연속이라고 간파하지 않았던가. 전쟁하는 주체야말로 정치적인 주체이며, 이들은 사이버 공간에서 전쟁을 벌임으로써 국민으로부터 추방된 자신들의 정치성, 정치적 주체의 자리를 회복할 수 있는 것이다. 따라서 이들에게 중요한 것은 이길호의 논문에서 한 디시 인사이드 사용자가 말한 것처럼 '왜 전쟁을 수행하는가?'가 아니라 '누구를 대상으로 전쟁을 수행하는가?'가 더 의미 있는 질문이 될 것이다. 이들은 이유가 있어서 전쟁을 하는 것이 아니라 전쟁을 하기 때문에 존재하고 전쟁을 하는 이유를 만들어 낸다. 다시 말하지만 이것은 정치이며 사이버 전쟁을 통해서 이들은 국민으로부터 추방되었다는 자신들의 훼손된 정치성을 복원할 수 있다. 찌질이와 동물을 넘어 여기서 우리는 남성성 혹은 인간성 진화의 다른 한 방향인 타자의 파괴를 위해 끊임없이 진군하는 '괴물'을 만나게 된다. 이 괴물의 남성적 이름은 '전사'이다.

속물, 동물, 그리고 괴물을 넘어

남성이 속물, 동물, 그리고 괴물로 분화되는 현실은 이를테면 남성들의 형제애적 공동체인 '국민-민족'이 불가능함을 확증하는 일처럼 보인다. 찌질이들은 이제 자신들이 여성을 소유할 수 없다는 것을 인정하고 새로운 규칙을 제정하자고 말한다. 그 규칙이 등가 교환, 혹은 공정함이다. 이에 반해 동물들은 여성을 소유할 의사 자체를 포기하거나 뛰어넘는다. 이들은 여성의 교환과 소유를 통해 만들어지는 남성들의 연대와 형제애를 비웃는다. 만일 성적 욕구 때문에 여성이 필요하다면 '소비'하면 되는 것이다. 그것이 연애의 형태이건 성매매의 형태이건 말이다. 이에 반해 괴물들은 사이버 공간을 바탕으로 해서 새로운 '민족'을 형성하려 한다. 그래서 이들은 항상 남성 공동체를 파탄 낸 여성을 상대로 하여 전쟁을 시도한다. 그리고 여성 편을 드는 이들을 남성이 아닌 '게이' 혹은 '적'으로 여긴다. 〈개그 콘서트〉에 나오는 '남하당'의 박영진 대표처럼 말이다. 이들은 다음과 같이 노골적으로 주장한다. 여성들은 '소를 키우는' 노예의 자리로 돌아가야 한다. 그래야 남성들 간에 만들어지는 주인과 노예의 분할이 종식될 수 있다.

결국 이들이 요구하는 '평등'은 사실상 남자들 '간'의 평등 요구의 도착된 형태에 지나지 않는다. 이것은 남성들의 공동체로서 근대 국민-민족의 위기를 의미한다. 근대 국가는 끊임없이 민족의 구성원을 확장하는 형태를 취해 왔다. 처음에는 부르주아 남성이, 그 이후 노동자 남성이, 그리고 여성과 소수 민족이 국민으로 편입되었다. 그러나 신자유주의 세계화는 국민-민족의 구성원을 다시 축소하는 방향으로 운동하고 있다. 역사의 시계를 거꾸로 돌린다면 맨 처음 소수 민족이, 그리고 여성이, 그러고 나서 노동자 남성들이 추방될 터이지만 신자유주의의 배제의 기준은 철저하게 '돈'이다. 소비력이 없는 사람들부터 추방이 이루어지고 있다. 그래서 부르주아 이후 가장 먼저 시민으로 편입된 노동자 남성들이 처음부터 배제되기 시작한 것이다. 실업자들이, 임시직이, 그리고 비정규직이 차례로 국민의 자격을 박탈당하고 있다.

따라서 지금은 시민권을 사유하는 방식의 대전환이 필요하다. 이것의 단초를 제시하는 것이 마경희가 주장한 일 중심 사회에서 돌봄 중심 사회로의 전환이다.[9] 지금까지 살펴본 것처럼 남성들이 특권적으로 시민권을 주장할 수 있었던 근거는 그들

---

9) 마경희, 〈일 중심 사회에서 돌봄 중심 사회로〉, 제주인권회의 자료집, 2010.

이 임노동을 한다는 사실이었다. 임노동만이 국가와 사회의 부를 증식하는 유일한 경제적 활동으로 인정되었고 이것은 효율적으로 남성이 아닌 다른 이들의 노동을 사회 주변부로 몰아내고 부불 노동(unpaid labor)으로, 아니면 아주 저임금으로 착취할 수 있게 만들었다. 복지는 시민들의 보편적 권리가 아니라 임노동에 대한 주변부 혹은 보충으로 배치되었으며, 남성들이 지나치게 오랜 시간 동안 복지의 영역에 머무르며 노동의 세계로 복귀하지 않는 것은 부끄러운 일로 여겨졌다. 시민임을 주장할 수 있는 남성성의 핵심은 누군가에게 의존하지 않고 스스로의 삶과 가족을 오롯이 책임을 지는 것이었다. 이것은 여전히 우리가 남성적인 임노동 중심으로 노동과 복지, 그리고 시민권을 사유하고 있다는 것을 의미한다. 임노동을 넘어서 노동을 사유하고, 노동을 확장적으로 바라봄으로써 시민권을 시장에 의해 규정되는 임노동과 무관한 것으로 사유하는 정치적 상상이 필요하다. 특히 이것은 임금을 받는 노동하는 존재의 지위를 국민국가에서 특권화하는 것을 폐기하라고 요구한다. 그래야만 '모든' 남성의 노동력을 필요로 하지 않는, 그들의 노동력을 재생산하는 것에 관심이 없으면서 노동력을 쓰레기/잉여로 양산하는 현재의 상태를 타개할 수 있는 길이 열린다.

시민권을 임노동과 무관한 것으로 사유하는 정치적 상상력은 인간에 대해서도 다시 사유할 것을 요구한다. 노동을 통해 자립하고 누군가를 소유하는 것을 주인이라고 생각하는 것에서 벗어나 우리 모두는 누군가에게 의존하며 살아가는 나약한 존재라는 것을 인정해야 한다. 이 새로운 인간 개념은 존재 자체를 사회적으로 존재할 의미와 가치가 있는 것으로 사유하고, 사회적인 것은 이미 존재하는 것만으로도 사회에 기여하고 있다는 점을 인정하는 것으로부터 시민권을 다시 상상해야 한다는 것을 의미한다. 생산하는 노동과 재생산하는 노동이 따로 있는 것이 아니라 모든 노동이 생산이자 재생산이며, 존재하는 모든 인간은 이미 그 생산과 재생산의 거대한 사회적 과정에 개입한다고 받아들여야 한다. 그래서 시민권은 노동하는 사람의 것이 아니라 '여기 이 자리에 존재하는' 모든 사람의 권리로 혁신될 필요가 있다. 이는 우리들이 '평등'의 문제를 어떻게 다시 정치적으로 사유할 수 있는가에 전적으로 달려 있다.

이런 상황에서 앞에서 이야기한 두 가지 다른 양상의 남성성이 출현하였다. 이 둘은 국민국가의 주권적 존재인 남성의 위기에 전혀 다르게 대응하는 두 가지 방식이다. 한쪽은 주권자로서 남성의 위기에 반응하여 자신을 피해자로 규정하고, 자신들 역시 기득권자가 아니라 박탈된 삶을 살아가고 있다고 주장한다. 그러나 이들에게는 남성이 더는 주권의 독점자일 수도, 생계 부양자일 수도 없는 재편된 사회 구조 속에서 자신들의 다음이 무엇이어야 하며 그 무엇이 되기 위해서 자신의 위치를 어떻게 바꾸어야 하는지에 대한 언어가 없다. 이들이 자신들의 처지에 대해 말을 하기 시작했다는 것은 주목할 만하지만 그 자리를 채우고 있는 것은 자기 연민의 언어이다.

이런 언어가 남성이 스스로를 배려하고 돌보는 언어나 새로운 관계를 정립하고 새로운 시민권의 사회를 만들어내는 언어일 수 없음은 자명하다. 따라서 우리가 주목해야 하는 것이 바로 이 지점이다. 왜 자기 고백이 이제까지 들리지 않던 여성의 목소리를 들으면서 평등으로 관계를 재편하는 상호 호혜적인 언어가 아니라 자기 연민의 언어로 채워지는 것일까? 사태를 전진시킬 수 있는 상황에서 사태를 오히려 더 퇴행시키는 이런 언어가 나오게 하는 장치들은 무엇이며 그 장치들은 어떻게 배치되어 있고 어떤 효과를 내고 있는가? 남성성에 대한 문화 연구에 앞으로 더 주목해야 하는 부분이다.

그리고 스스로를 페미니스트라 선언하는 남성들이 있다. 이들은 국민국가의 틀에 갇혀 특수성을 강조하는 모든 언어를 야만적이고 후진적인 것이라 공략하면서 낙후시키려 한다. 이들이 '문명' 담론을 즐겨 사용하는 이유다. 흥미롭게도 '피해자' 남성들의 언어가 '자기 연민'적이라면 이들의 언어는 '자기 확신'적이다. 이들이 이렇게 자기 확신을 할 수 있는 것은 페미니즘이 사회적 약자의 언어이기 때문만은 아니다. 그것은 보편적 언어이기 때문이다. 즉, 보편성에 대한 확신이다. 따라서 이들이 스스로 페미니스트라 말하는 것은 곧 자신을 보편성의 옹호자로 선언하는 것이다.

이것을 말하기의 문제로 살펴보고 전자의 남성들의 언어와 견

주어 질문해보자. 자기 연민적 언어로 말하는 이들은 적어도 자신들에 대해 말한다. 자기의 경험을 이야기하고 자기를 드러낸다. 반면 남성 페미니스트들은 보편적 원칙과 사실에 근거하여 말한다. '보편에 근거하여 보편에 대해 말하기'는 말하고 있는 사람 자신에 대해서는 무엇을 드러내는가? 이들의 말에서 주어는 누구이고 화자는 누구인가? 이 주어와 화자는 하나인가? 전자에게 그들의 말하기 장치와 그 장치들의 배치에 대해 물어야 한다면 남성 페미니스트들에게는 이들의 말하기의 정치적 효과에 대해 물어야 할 것이다.

이런 점에서 나는 이들과 여성주의자들의 관계가 흥미로우면서도 '문제적'이라고 생각한다. 정희진과 권김현영에 따르면 여성주의는 남성들이 독점한 보편성의 언어에 저항하며 지식의 맥락성과 국지성을 강조한다.(물론 이때의 맥락성과 국지성은 국민국가적인 것을 의미하는 것이 아니라 위치에 대한 강조라고 할 수 있다.) 이런 관점의 여성주의는 보편과 쉽게 화해할 수 없다. 보편의 헤게모니와 당파성을 질문하는 것이 여성주의의 전략이기 때문이다. 이런 점에서 여성주의는 다시 국민국가의 경계를 넘어서는 보편의 헤게모니와 당파성에 대해 질문하지 않을 수 없다. 이것은 어디에서 만들어졌으며, 누가 주장하는가. 그리고 어디를 통해 주장하는가. 이 주장의 그림자에는 누가 있는가.

이성애 제도와
여자의 남성성[1]

한채윤 | 1997년 PC통신 하이텔 내의 동성애자 인권 운동 모임인 '또하나의사랑'의 대표시삽을 맡으면서 성적 소수자 인권 운동을 시작했다. 잡지 〈BUDDY〉의 편집장과 '한국성적소수자문화인권센터' 대표를 지냈고, 현재는 '퀴어문화축제 조직위원회'의 퍼레이드 기획단장과 '비온뒤무지개재단'의 상임이사로 일하고 있다. 저서로 《한채윤의 섹스 말하기》가 있고 공저로 《남성성과 젠더》, 《페미니스트 모먼트》 등이 있다.

소녀는 어떻게 레즈비언이 되었는가

나는 1남 3녀의 막내로 태어났다. 어렸을 때 나는 내 몸에 어른들이 흔히 '고추'라고 부르는 그것이 생겨나길 기대했다. 그렇다고 딱히 남자가 되기를 갈망한 것은 아니었다. 정확하게 말하자면 나는 단지 '아들'이 되고 싶었을 뿐이었다. 4대 독자라는 엄청난 특혜를 누리는 오빠가 부럽기도 했지만, 어린 눈으로 봐도 아들이란 호명이 딸로 불리는 것보다 훨씬 더 많은 가능성을 의미한다는 것을 쉽게 눈치챌 수 있었기 때문이다. 게다가 "요 녀석, 고추만 달고 태어났어도 내가 양자 삼을 텐데……"라며 나를 탐내는 주위 어른들도 많았다. 어린 마음에 어른들의 그런 농담이 동화책에 나오는 인생 역전처럼 들렸다. 나에게 '고추'만

---

1) 이 글은 2011년 자음과모음에서 출간된 《남성성과 젠더》에 수록된 "레즈비언의 남성성: 공존, 반전, 경쟁, 갈등하는 젠더"를 전면 개고한 것이다.

있다면 부잣집에 양자로 갈 수 있다니! 그래서 내가 꿈꾼 요술은 호박을 마차로 바꿔주는 신데렐라의 요정이나 개구리를 왕자로 변신시키는 입맞춤 같은 것이 아니었다. 그저 아들로 여겨지기만 한다면 완전히 새로운 세상이 펼쳐질 것 같았다. 아, 얼마나 멋진 일인가! 혼자 이런저런 상상의 나래를 펼치며 즐거웠고 또 설렜다. 곧 그런 미래가 올 것만 같았다.

하지만 동화책이 유치하게 느껴질 만한 나이가 되자 나의 순진한 꿈도 끝이 났다. 한 해 두 해가 흘러가도 내 몸에서는 아무런 변화도 일어나지 않았고, 동화책 대신 습득하게 된 지식들은 간절히 바란다고 해서 갑자기 사람의 몸에서 고추가 돋아나는 기적이나 마법 따위는 없음을 가르쳐주었다. 나이가 들면서 우리 집 지하 창고에서 로봇 태권브이가 튀어나올지 모른다는 상상이나 우연히 길에서 지니의 요술 램프를 주울 거라는 기대를 접듯이, 그렇게 '변신의 꿈'도 접었다.

그러나 점점 자라 연애를 고민할 나이가 되자 이번에는 또 다른 엉뚱한 이유로 그놈의 '고추'가 필요해졌다. 내가 사랑하는 사람을 친구가 아니라 애인으로 소개하려면, 사랑하는 이의 부모에게 딸의 친구가 아니라 인생의 동반자로서 인사드리려면, 우리의 마음이 우정이 아니라 사랑임을 인정받으려면 바로 '그것'이 있어야 한다고 사람들은 말했다. 이때도 딱히 '남자'가 되고 싶었던 건 아니었다. 다만 사람들과 잘 지내고 싶었고 사랑하는 사람을 소개했을 때 사람들이 놀라지 않을 '몸'이면 좋겠다고 생각했을 뿐이다. 아쉽긴 했지만 이젠 몸에서 고추를 닮은 '그것'이 만들어질 거라 기대할 만큼 철없지 않았고, 생겨나지 않을 '고추' 하나 때문에 이미 생겨난 사랑을 포기할 정도로 어리석지는 않았다. 그래서 나는 있는 그대로 사랑하고 느낀 그대로 표현하며 살기로 했다.

이제 '고추' 따위는 내 인생에서 아무것도 아니다. 하지만 그리 오랜 시간이 지나지 않아 나는 새로운 사실을 깨달았다. 나에게 '고추' 대신 다른 그 무엇이 부착되었음을 알게 된 것이다. 내 손이 닿지 않는 곳에 어느새 덜렁거리며 달려 있는 꼬리표 하나. 나의 생물학적 성별과 내가 사랑하는 사람의 성별이 같다는 이유로 붙여진 그 이름은 강렬하면서도 간결했다. 단 네 음절의 단어, '레.즈.비.언'. 나는 그렇게 레즈비언이 되었다.

레즈비언의 남성성과 이성애주의

남성에 대한 혐오와 선망이란 착각

레즈비언에 대한 우리 사회의 반응은 간단하다. 남성 혐오증이 있어서 남성 대신 여성을 사귀는 여성이거나, 남성에 대한 강한 선망으로 인해 급기야는 남자 흉내를 내며 다른 여성과 사귀는 여성이라는 것이다. 혐오와 선망이라는, 논리적으로 충돌하지만 심리적으로는 같은 뿌리인 두 개의 이미지가 레즈비언을 이루고 있는 셈이다. 이렇게 레즈비언이 남성성을 모방하거나 혐오한다는 분석에는 두 가지 전제 조건이 깔려 있다. 첫째, 원래 여자에게 남성성은 없다. 남성성은 남자만의 것이다. 그리고 두 번째, 남성성이 없는 여성은 바로 그 결핍을 메우기 위해 본능적으로 남자에게 끌린다. 그러므로 정상적인 여성이라면 당연히 이성애를 하는데, 레즈비언은 혐오와 선망이라는 비뚤어진 욕망으로 인해 본능을 거스른다고 보는 것이다.

그런데 선입견을 그대로 받아들이지 않고 다시 질문해보면 비논리적인 면을 많이 발견할 수 있다. 여자에게는 남성성이 정말 없을까? 아니면 없어야만 하는 것일까? 만약 어떤 여자에게 남자만큼의 남성성이 있다면 그 여자는 여자가 아닌가? 여자는 왜 굳이 남성성의 결핍을 메꾸려고 하는가? 그렇다면 반대로 남자도 자신에게 부족한 여성성을 채우기 위해 여자를 사귀는가? 여기서 기존의 모든 논리는 모순에 빠진다. 남자는 여성성이 결핍된 존재로 여겨지지 않는다. 남자는 남성성이 얼마나 충분한지, 얼마나 잘 과시하는지에 따라 남성다운 남성이 된다. 애당초 여성성과 남성성은 대칭적이지 않았다. '인간의 기본값은 남성'이었으니까. 그래서 기본값에서 마이너스 상태인 여자가 갖추어야 할 것은 그나마 여성성이고, 동시에 항상 남성성을 갈구한다는 식의 해석이 자연스럽게 통하는 것이다.

그런데 이쯤에서 다시 무릎을 치게 되는 질문은 설사 여자가 남자보다 남성성이 부족하다 하더라도 왜 꼭 그 남성성을 여자는 '연애'라는 방식으로만 채워야 하는가라는 의문이다. 앞서 레즈비언은 남성에게 당한 성폭력 등의 특정 사건으로 인해서 남성 혐오증이 생겼고, 그 때문에 같은 동성과 사귀려는 여자가 되었다고 보는 경향이 있음을 지적했다. 이성애자가 남성 혐오 때문에 동성애자가 된다는 것인데, 곰곰이 생각해보면 남성을 혐오하는 것과 남성을 혐오하므로 여성에게 끌린다는 것은 논리적으로 아무 연관성이 없다. 남성을 혐오하지만 그럼에도 불구하고 반드시 연애를 해야 하기 때문에 굳이 남성을 대체할 여성을 찾아서 연애를 한다니! 이쯤 되면 여자는 남자에게 '자연스럽게 끌린다'가 아니라 여자는 남자와 '연애를 해야만 한다'는 이성 연애 자체에 대한 절대적 신봉이 자리 잡고 있다고 할 수 있다. 이성애를 무조건 해야 한다고 정한 뒤 이성애가 안 된다면 대신 이성애 비슷한 것이라도 해야 하며, 그 '유사 이성애'를 동성애라 부르자고 한 뒤, 동성애를 비정상이라고 먼저 낙인을 찍어서 자동으로 이성애는 정상이 되는 시스템이 작동하는 것이다.

이제 우리는 논리와 인과의 선후 관계조차 파악하기 어려워진다. 말은 뱅글뱅글 돌아서 '진리'와 '규범'이 된다. 이성애자 여성은 남성과 만나고 있지 않는 한 어딘가 부족한 존재이며, 동성애자 여성은 남성을 만나고 있지 않으므로 어딘가 부족한 존재가 된다. 여성은 동성애자이든 이성애자이든 근본적으로 결핍된 존재이고, 이성애는 그 결핍의 해결책이다. 결국 이성애란 단어는 단순히 '성별이 다른 두 사람 간의 사랑'을 의미하는 것이 아니라, 남성다움과 여성다움이라는 성 역할을 압축해놓은 것이 된다. 인간은 여자와 남자 둘로 나뉘어 있고, 여자와 남자가 서로 사랑하고 섹스하고 결혼하고 아이를 낳고 가정을 꾸려서 살아야 한다고 믿는 강력한 이데올로기, 헤테로섹시즘(heterosexism)의 탄생이다.

남성성과 이성애는 완전히 다른 단어지만, 종종 같은 말로 오해된다. 이 글은 남성성에 대한 분석을 이성애주의와 연결하여 접근해보고자 한다. 이를 위해 레즈비언의 남성성에 대해 살펴보고, 남성 간 동성애와 이성애주의가 어떻게 맞물려 작동되는지 살펴볼 것이다.

부치와 펨의 반전이 증명하는 것

레즈비언은 남자 역할을 하는 부치(butch)와 여자 역할을 하는 펨(femme)이 짝을 이룬다고 생각하는 사람들이 많다. 먼저 펨의 외형적 모습은 긴 머리, 화장, 치마처럼 기존의 전형적인 여성성을 크게 벗어나지 않는다.[2] 그래서 펨은 이성애자이거나 양성애자일 가능성이 높고 아마도 어떤 요인에 의해 이성애를 억제당하고 있을 거라고 추측하는 경우가 많다. 그리하여 등장하는 설명이 앞에서 언급한 '남성 혐오'다. 페니스가 달려 있고

---

2) 논의를 진행하기 위해 이렇게 표현하긴 하지만 부치와 펨이 항상 전형적인 외모로 나누어지는 것은 아니다. 치마를 입은 긴 머리의 부치, 넥타이에 숏커트를 즐기는 펨도 있다. 물론, 이런 경우 당사자가 아무리 "나 부치야.", "나 펨이야."라고 말해도 주변에서는 잘 믿지 않아 부정당하기 일쑤다.

털이 북슬북슬한 남자의 몸이나 페니스 중심의 성기 삽입 섹스를 혐오한다는 것이다. 이런 혐오감은 어릴 때 남자에게 성폭행을 당했거나 가정 폭력이나 학대를 받은 경험이 있어서 생겼을 것이라고 쉽게 추정된다. 즉, 펨은 남성의 몸을 피하는 정신적·심리적 부적응 상태에 있다는 것이다. 그러므로 이를 극복하고 정상적인 생활이 가능하도록 주변에서 도와야 한다는 주장으로 마무리되곤 한다. 하지만 이런 일반적인 편견이 아닌 현실의 펨이 들려주는 증언은 이와 다르다. 그들은 대개 남자를 두려워하거나 혐오하지 않는다. 그저 "별 다른 관심 없어요. 남자에겐."이라고 말할 뿐이다.

펨이 남자의 대체물로 부치를 찾는다는 식의 설명도 마찬가지다. 최선을 버리고 차선을 택한다는 뜻이 되는데, 노래 가사처럼 세상의 반이 남자인데 그 많은 최선을 두고 왜 굳이 차선을 택한단 말인가. 답을 찾으려면 우리는 질문을 바꾸어야 한다. '왜 남자에게 끌리지 않는가?' 대신에 '대체 왜 반드시 남자를 원해야만 하는가?'로 말이다. 세상에는 남자를 혐오하지도 선망하지도 않으며, 동시에 남자에게 아무런 관심이 없는 사람도 있다. 만약 어떤 여성이 '남자 같은' 스타일의 여성을 사랑한다면, 그 이유를 남자의 대용이나 차선의 선택이라 하는 것보다는 바로 그런 스타일의 여성이 자신의 이상형이기 때문이라고 보는 것이 더 타당하지 않을까. 여자가 사랑하는 대상이 반드시 남자여야 한다는 고정관념을 버린다면 오히려 모든 것이 더 자연스럽게 해석된다.

그러므로 펨이 레즈비언 커플 중에서 여성의 성 역할을 한다는 설명은 완전히 틀렸다. 펨은 여성성에 순응하는 것 같지만 실제로는 여성에게 강요되는 성 역할의 핵심인 '남자의 여자'로 살기를 가장 최전선에서 거부하는 것이다. 남자가 아닌 여자를 사랑한다는 것이야말로 가장 결정적인 반전이다. 이렇게 보면 펨과 부치는 남성의 성적 파트너인 여성으로 살기를 거부한다는 점에서, 남성의 연애 대상과 결혼 대상인 여성이라는 사회적 성 규범에 순응하지 않는다는 점에서 동일하다.

부치에 대한 대표적 설명 방식은 '남자 역할의 레즈비언' 또는 '남자 같은 외모를 한 레즈비언'이다.[3] 부치는 여자로 태어났지만 여성성을 거부하고 남자가 되고 싶어 한다는 점에서 사내아이를 뜻하는 단어인 '톰보이' 혹은 '선머슴'으로 불리기도 한다. 이렇게 부치는 여성인데도 아직 여성으로서 꾸미는 법을 알지 못한 미성숙한 여성으로 간주된다. 어린 여자아이들 중에는 말괄량이도 있기 마련이지만 대개는 시간이 흐르면서 자연스럽게 자신의 여성성을 수긍하고 발전시키는데, 어릴 적 습관과 집

---

3) 최근 레즈비언 커뮤니티에서 부치의 정의와 범위는 과거와 달라지고 있다. 기존의 정의대로 남자 같아 보이는 부치를 지칭하는 강 부치, 왕 부치, 꾸러기 부치, 소프트 부치, 베이비 부치부터 긴 머리에 화장을 즐기는, 겉은 펨이고 속은 부치라는 의미의 '겉펨속부'까지 스펙트럼이 넓어졌다. 그런 까닭에 부치를 분석하는 데 다양한 부치의 여러 면을 다루지 못하는 것이 아쉽지만, 그 부분까지 다루는 것은 이 글의 범위를 벗어나는 것이므로 여기서는 전형화된 부치로 좁혀서 다루었다.

착을 버리지 못한 일부가 부치가 된다는 것이다. 펨에 대한 선입견과 부치에 대한 이런 편견을 합치면 부치는 (남자에게) '상처받은 여자(펨)를 노려서 레즈비언으로 만든다'는 시나리오가 완성된다. 부치는 전통적인 성 역할을 위반하는 이상한 존재일 뿐 아니라, 나아가 비정상적인 섹슈얼리티를 조장하는 위험한 인물이 되어버린다. 하지만 이런 설정에는 오류가 있다. 다시 부치에 대한 질문을 구성해보자.

부치가 남자를 모방한다고 할 때, 정확하게 부치는 남자의 어떤 부분을 모방하는 것일까? 페니스가 없는데도, 어떤 행위가 부치의 남자 역할을 가능하게 하는가? 왜 부치를 좋아하고, 사랑하고, 사귀는 여성이 있는 것일까? 언뜻 보면 남자 같아서 다른 여성이 부치에게 호감을 느끼는 것은 가능할지 모르겠지만, 서로의 모든 것을 다 보여주는 연애를 하면서도 단지 '남자 같아서' 좋아하는 것이 과연 가능할까? 만약 부치의 남성다움이 바지 정장 차림이나 짧은 머리 같은 외적 특징만이 아니라 책임감, 용맹함, 적극성, 힘이 세고 성욕이 강함 등 일반적으로 남성적 매력이나 남성성의 핵심이라고 간주되는 요소들도 있기에 남자 같아서 좋아한다면 결론은 더욱 간단명료해진다. 생물학적 남성만이 사회적 남성의 역할을 할 수 있는 것이 아니며, 남성성은 생물학적 남성에게만 자연적으로 부여되는 것이 아니다. 남성다움과 성별은 별개임을, 여성에게도 남성성이 있음을 부치는 증명해준다.

부치와 트랜스남성-남성성의 원본은 없다

불충분한 여장과 불완전한 남성성

나의 외모는 짧은 헤어 스타일과 화장을 하지 않은 얼굴, 그리고 큰 키 정도로 설명할 수 있다. 어릴 때부터 지금까지 '계집애 같다'거나 '여성스럽다'는 말을 거의 들어본 적이 없다. 물론 나는 남들이 그러거나 말거나 스스로 '여성'이라고 생각한다. 여자 화장실을 이용하는 것이 편하고, 목욕탕도 여탕으로 간다. 하지만 동시에 내가 그렇게 생각하거나 말거나, 사람들은 화장실과 목욕탕에 내가 들어서는 순간 깜짝 놀라며 입장을 제지한다. 때문에 나는 매번 나의 성별을 낯선 사람들에게 고지해야 한다. "저, 여자인데요."라는 말을 할 때마다 기분은 매우 복잡해진다. 나는 '이미' 여자인데 왜 매번 여성임을 새롭게 주장해야 하는 것일까? 대체 내가 방금 증명한 것은 무엇일까? 나에게 자궁이 있다는 것일까? 이런 의심을 받는 상황에서 더 어이없는 사실은, 겉모습만으로 확신을 품고 여탕이나 화장실에서 나가라고 하던 이들도 나의 목소리만 들으면 금세 자신의 의견을 수정한다는 것이다. 결국 나의 성별은 다른 무엇도 아닌 성대를 거쳐 나온 '목소리'가 증명해준다. 그렇다면 사람들은 왜 '목소리'를 외모보다 더 신뢰하는 것일까? 그 목소리가 증명하는 것은 과연 나의 성별일까 아니면 가까스로 사람들의 기대에 들어맞는 퍼즐 한 조각일까?

이런 식으로 일상에서 반복되는 성별 확인 소동에 지쳐 가던 중, 나는 진지하게 그 원인을 고민하기 시작했다. 머리카락도 길러보았고 분홍색 옷을 골라 입었다. 어떤 이들은 나를 여자로 알아챘고 또 어떤 이들은 여전히 남자로 보았다. 머리카락이 길어도 큰 키 때문에 남자 같다고 했다. 같은 분홍색 옷을 입어도 어떤 날은 무사히 공중 화장실에 입장할 수 있었고, 또 어떤 날은 제지당했다. 나는 사람들의 일관성 없음에 놀라면서 마침내 답을 찾았다. 그리고 왜 그동안 주변 사람들이 왜 끊임없이 내게 화장이나 긴 머리, 치마와 하이힐을 권유했는지, 그 진짜 이유를 드디어 깨달았다. 여성이 된다는 것은 주민 등록 번호 뒷자리가 2로 시작되는 '국가 공인 여성'인지, 해부학적으로 의사가 여성으로 분류하는 몸을 지녔는지, 스스로 여성이라고 긍정하고 있는지 여부와는 아무 상관이 없다. 핵심은 여성이라는 사실을 사람들에게 충분히 '과시'해야 한다는 것이다. 사람들이 쉽게 믿을 수 있도록, 한눈에 알아챌 수 있도록 '충분히' 드러내야 한다. 남자가 될 요량으로, 남자로 보이고 싶은 목적으로 외모를 꾸민 적이 없었지만 늘 성별 확인 소동을 겪어야 했던 이유는 내가 '충분한 여장(女裝)'을 하지 않은 탓이었다. 누가 보더라도 알아챌 전형적인 여자의 모습에 가깝게 꾸며야 했던 것이다.

남자가 외양을 꾸미지 않았다고 해서, 혹은 덜 꾸몄다고 해서 여자로 오해받는 일은 드물다. 남자가 인간의 기본인 것이다. 그래서 남자가 아닌 여자는 충분한 여장을 통해 여자임을 증명하고, 충분한 여자의 외모를 갖추어야 여자로 인식된다. 이렇듯 여자임을 드러내야만 한다는 것은 여성이 인간의 기준 바깥에 위치해 있음도 동시에 드러낸다. 이것은 성 역할 규범으로 작동한다.[4] 우리는 그동안 거대한 함정에 빠져 있었던 것이 아닐까?

여자가 충분히 여장을 하지 않으면 쉽게 남자로 보인다는 것은 무엇을 의미하는가? 남성성은 여자에게도 이미 있다는 사실이다. 그렇지 않고서야 왜 무엇인가로 끊임없이 덮고 숨기고 꾸며야만 여자로 보일 수 있단 말인가. 결국 남성성을 숨기고 부인하려는 노력 자체가 곧 여성성의 특질로 간주되는 사회에서 '충분한 여장'을 거부하는 것은 자기 여성성에 대한 부정이 된다. 동시에 개인적 취향이나 스타일, 버릇, 개성과 선호도의 차이가 아니라 주어진 여성 역할을 거부하려는 시도로 해석된다. 어딘가 병들었고 타락했으며 질서를 따르지 않는 반사회적 인물로 레즈비언이 지목되고, 상징처럼 호명되고, 그렇게 낙인이 찍힌다. 하지만 레즈비언을 향한 이런 낙인에 대한 두려움을 접으면 우리는 이제 여자의 남성성을 다르게 상상할 수 있다.

---

4) 이와 비슷한 이야기를 케이트 본스타인은 《젠더 무법자》에서 젠더 귀인(gender attribution)으로 설명한다. 젠더 귀인에 따라 누군가를 보면서 성별을 판단한다는 것이다. 또 본스타인은 사람들이 타인을 볼 때 여성이라는 단서가 네 개 정도 발견되기 전까지는 남성이라고 먼저 추론한다는 연구 결과도 소개한다.

부치와 트랜스남성의 남성성

이번에는 부치와 트랜스젠더 남성의 남성성을 살펴보자. 사람들에겐 여자가 남자인 양 군다거나 남자가 되려고 하는 것으로 보이겠지만, 부치와 트랜스남성이 각기 다른 목표와 각기 다른 방식으로 남성성을 수행하고 있다는 점은 남성성에 대한 이해를 확장하는 데 중요한 단서를 제공해준다.

먼저 부치와 트랜스남성은 '어떻게 보일 것인가'를 두고 스스로 설정한 목표 지점이 다르다. 트랜스남성은 남성이기에 '남성'으로 인정받는 것이 중요하고, 그렇기 때문에 어떻게 해야 사람들이 나를 남자로 받아들일 것인가에 방점을 찍는다.[5] 즉, 남자들 무리에 섞여 있어도 눈에 띄지 않는, 극히 자연스러워 보이는 '평범한' 남자가 되는 것이 트랜스남성의 목표다.(물론, 모든 트랜스남성이 그런 것은 아니다.) 이와 달리, 부치는 남자가 되는 것이 아니라 통상 사회적으로 남자에게만 허용된 '미(美, 스타일)'를 추구하는 것이 목표다. 넥타이, 날렵한 선글라스, 편안한 바지, 가슴 라인이 강조되지 않은 윗옷, 하이힐이 아닌 구두, 핸드백이 아닌 배낭 등이 그 예이다.

부치가 자신을 보여주고자 하는 대상은 여자다. 남자가 아니다. 이 지점에서 남성 사회에서 같은 남성으로 지내야 하기에

---

5) 이와 관련해 더 자세한 내용은 이 책에 함께 실린 준우의 글, "트랜스남성은 어떻게 한국 남자가 되는가"에서 분석하고 있으므로 이 글에서는 더 자세한 설명을 생략한다.

'보통' 남자들 사이에서 통용되고 인정되는 남자다움을 추구하는 트랜스남성과 차이가 생긴다. 부치는 여자가 선호하는, 여자에 의해 평가받는 남성성을 추구한다. 부치는 이성애 제도가 지배하는 사회에서 남성들이 주로 선호하는 복장이 아닌 여성들이 선호하는 남성복을 좋아하고, 자신이 생각하기에 멋있다고 생각하는 남자 배우처럼 몸을 움직이고, 여자가 아닌 것처럼 말하고 싶어 한다. 이 모든 행동들은 남자처럼 보이려는 데 초점을 맞춘 것이 아니라 여자가 보기에 괜찮은 상대로 보이기 위한 행동이다. 따라서 부치의 남성성은 당대 남성성을 여자의 취향과 선호라는 관점에서 재조정하는 과정을 거친다.

남성성은 생물학적 성별에 부착된 것이 아니라 사회적 맥락에서 만들어지는 개념이다. 자신이 남자로 태어났거나, 자신의 성별을 남성으로 생각한다고 해서 남성성이 저절로 내면에서 솟아나는 것이 아니다. 부치와 트랜스남성은 남성성이 얼마나 쉽게 복제 가능하고, 변용 가능한지, 그래서 얼마나 다양한 방식으로 수행되며 새롭게 만들어질 수 있는지를 보여준다. 생물학적 남성이 아니어도 남성성을 실천할 수 있다는 것은 섹스와 젠더가 반드시 일치하는 것이 아님을 증명한다.

부치는 부치가 아닌 모든 여성을 타자화할 때가 있다. 상대가 이성애자이든 양성애자이든 동성애자이든 상관없이 "여자들은 말야……"라고 하면서 자신만 제외하고 다른 여성들을 여성으로 만든다. 이때 부치는 자신을 남성과 동일시하는 것일까? 이른바 '왕 부치'[6]라 불리며 마초 남성과 유사하게 행동하고 말하는 부치라 할지라도, 자신을 부치로 강력하게 자각하고 있을 때조차 자신이 남자라고 주장하지는 않는다. "좆이 없는 것만 빼고 내가 남자보다 못할 게 뭐가 있냐."며 자신을 정체화하기 때문이다. '왕 부치'가 생각하는 '부치다움'의 핵심은 '사회적인 역할' 수행에 있다. 레즈비언 왕 부치에게 페니스란 외형적으로 남자가 지닌 신체 기관에 불과하며, 자신들은 사회적으로 남성 역할을 모두 수행해내고 있다는 자신감을 피력한다. 그 성 역할의 범위에는 여자는 집에서 살림만 할 수 있도록 돈을 벌어다 주는 것부터 '영웅호걸답게' 여러 명의 여자와 동시에 사귀고 상대 여성이 어리고 예쁠수록 더 능력 있는 부치가 된 것 같은 착각까지 스펙트럼이 넓다. 대체로 가부장제 사회에서 남자들이 하는 행위를 자기도 할 수 있다는 태도에 가깝다.

부치, 이성애자 남성의 경쟁자

부치는 남성의 모방자가 아니라 이성애자 남성의 '경쟁자'다. 부치가 남성을 모방하는 것에 불과하다고 말하고 싶어 하는 이성애자 남성들은 사실은 가장 강력한 경쟁자를 견제하려는 것

---

6) 왕 부치는 1990년대에 특히 한국 레즈비언 커뮤니티에서 많이 쓰인 말이다. 남성들 간 특유의 형님 문화나 성 역할 분리를 강하게 주장하는 등 한국 남성들이 기존에 보였던 가정과 사회에서 '왕 노릇'을 하는 것과 닮아서 만들어진 이름이기도 하다. 미국 레즈비언 커뮤니티의 스톤 부치(stone butch)와 유사한 말이기도 하다.

일지도 모른다. 물론 부치 중에서도 남성 우월주의를 그대로 부치 우월주의로 바꾸어서 행동하는 이들이 있으며, 이성애 성 규범에 부합하기 위해 애를 쓰는 이들도 여전히 있다. 어떤 부치는 자신이 정자 생산 능력이 없어서 남들처럼 사랑을 해도 서로를 닮은 2세를 낳지 못하는 것을 슬퍼하거나 부끄러워하기도 한다. 하지만 시각을 바꾸면 결론은 달라진다. 레즈비언 연애가 이성애보다 우위에 있다고 여길 수 있다. 예를 들어 부치가 정자 생산을 하지 못하는 것은 부치의 약점이 아니라 임신의 가능성을 배제한 연애의 가능성을 여는 것이다. 이것은 피임에 무지하고 콘돔 사용조차 자신의 성감이나 귀찮음을 내세워 거부하는 '한국 남자'들과의 경쟁에서 우위를 점할 수 있는 중요한 차이가 된다.

주디스 핼버스탬은 자신의 책 《여성의 남성성》에서 오랫동안 자신의 남성성을 부끄럽게 여기라고 강요받아 온 여성들이 자신의 남성성을 낙인으로 받아들이지 말고 "자부심과 힘의 원천"으로 받아들이길 바란다고 말한다. 부치의 남성성은 이성애자 남성의 남성성의 아류나 변형 버전이 아니라 우리 사회의 수많은 남성성 중 하나다. 나는 여자의 남성성에 대한 논의가 단지 남자 같다는 말을 듣고 자라 온 여성들에게만 유용한 새로운 개념이라고 생각하지 않는다.

여자에게도 '남성성'이 있다고 할 때, 여성의 정의를 남성성이 결핍된 존재로 규정하는 것을 넘어선다는 점에서 의미가 있다. 이는 남성에게만 있다고 믿어졌던 남성성을 확장하는 것이다. 이어 우리는 여자의 남성성과 남자의 남성성의 차이에 주목할 수 있다. 성별에 따라 남성성이 다른 것이 아니라 남성성이 성별에 따라 어떻게 다르게 평가되고 부인되고 다루어져 왔는가를 보는 것이다. 남성성은 다양하다. 남성성의 내용물은 달라질 수 있다. 그렇다면 이제 우리는 기존의 남성성이 어떤 내용으로 채워졌는지도 질문할 수 있다.

이성애주의와 남성성

이성애에 기반한 남성성

1993년 개봉작인 한국 영화 〈가슴 달린 남자〉에 매우 인상적인 장면이 나온다. 영화의 줄거리는 다음과 같다. 주인공 김혜선(박선영)은 여직원에게 커피 심부름만 시키는 직장 내 성차별에 지친 나머지, 남장을 하고 남자인 척하며 회사에 취업한다. 김혜선의 직장 동료인 최형준(최민수)은 당연히 김혜선을 남자라고 생각하고 무심하게 대하지만, 업무의 호흡을 맞추어 나가면서 묘한 호감을 느낀다. 최형준은 자신이 김혜선에게 끌리고 있다는 것을 깨닫는 그 순간, 자신이 짙은 화장을 한 채 롱드레스를 입고 그를 유혹하는 장면을 상상한다. 물론 그 상상만으로 몸서리를 치며 좋아하는 마음을 없애기 위해 노력하는 장면이 이어지지만, 영화의 흥미로운 지점은 바로 여기다. 극중 최형준 역할을 맡은 배우는 다름 아닌 한국에서 가장 마초적인 이미지를 지닌 최민수였다. 그런 최민수의 이미지를 그대로 살린, 남자 중의 남자로 자신만만했던 최형준도 다른 남성에게 끌리는 순간에 자신이 갑자기 진한 화장을 하고 치마를 입은 여성으로 변할 것이라고 생각한다. 왜 자신의 성별이 바뀔 것이라고 상상한 것일까?

2000년에 개봉한 작품인 〈번지점프를 하다〉에서 남자 제자에게 사랑을 느낀 서인우(이병헌)와 2007년에 MBC에서 방영된 드라마 〈커피프린스 1호점〉에서 남자 직원을 사랑하게 된 최한결(공유)도 비슷하다. 이들은 모두 동성에게 사랑을 느끼는 자신의 '이상 증상'을 걱정하며 정신과 의사를 찾아갔다. 〈가슴 달린 남자〉의 최형준과 마찬가지로 자신의 '정신 건강'부터 걱정한 것이다.

최근 몇 년간 남장 여자가 등장하는 드라마가 많이 제작되었는데, 시대 배경을 조선 시대로 옮겨 가면 남장 여자를 좋아하는 남자 주인공들의 태도가 달라진다. 2010년도에 방송된 드라마 〈성균관 스캔들〉에서 2016년의 인기 드라마 〈구르미 그린 달빛〉, 그리고 신라 시대가 배경이었던 드라마 〈선덕여왕〉, 고려가 배경이었던 〈천추태후〉 등의 드라마에서 남장 여자(혹은 남성)을 사랑하는 남성들이 등장하지만 자신의 성별 자체를 혼란스러워하는 설정은 나오지 않는다. 〈성균관 스캔들〉에서 이선준(박유천)은 사대부의 도리가 아니라는 점에서 자신의 사랑을 접으려고 애썼고, 〈구르미 그린 달빛〉에서 왕세자는 아예 '못된 사랑'

을 하겠다고 선언한다. 이는 단지 퓨전 사극의 특징이 아니다. '남색(男色)'과 '동성애'가 다르게 쓰였던 시대적 차이에 따른 특징이다.

동성애(homosexuality)란 단어는 19세기 중반 이후 전문 학술 용어로 처음 등장했다. 법률가들과 성 과학자들은 남성 간의 사랑과 성교를 어떻게 보아야 하는지에 관심을 보였다. 한쪽에서는 형법상의 범죄로 볼 수 있는가를 다루었고, 다른 한쪽에서는 정상과 비정상의 분류 체계에서 치료의 대상인지 여부를 다루었다. 신체적으로, 정신적으로 정상인 사람만이 국가의 일원인 국민이자 평범한 이웃으로 인정받는 시스템이 만들어지는 과정이었다. 현대 사회에서 인간의 가장 강력한 기준점은 '비장애인 이성애자 남성'이다.

동성애를 정신병으로 분류하는 것은 동성애자에 대한 낙인만이 아니라 이성애자는 어떤 행동을 해도 좀처럼 비정상적이라는 평가를 받지 않는 효과를 가져온다. 남자는 누구나 예쁜 여자를 좋아한다는 식의 명제가 통용되는 사회에서 남성이 생면부지의 여성에게 집적대고, 여성을 희롱하거나 성폭행하고, 갑자기 무릎을 꿇고 구애를 하거나 무슨 행동을 해도 그의 남성다움은 훼손되지 않는다. 그 남자의 이성애는 그의 정상적인 남성성을 보증하기 때문이다.[7] 하지만 이성이 아니라 동성에게 호감을 품고 끌리기만 해도 당장 정신 상태를 의심받는다. 미쳤다고 생각하는 근거는 '정상적인 남자라면 남자에게 끌릴 리가 없다'는 것이다. 이성애를 하지 않는다는 것은 곧 남성성이 정상적으로 작동하지 않는다는 신호가 된다.

2016년, '강남역 10번 출구 살인 사건'으로 명명된 잔혹한 여성 살인(femicide)범에게 경찰이 앞장서서 '조현병'이라는 정신질환을 붙여주려고 한 것도 마찬가지다. 불특정 여성을 향한 혐오 범죄였지만, 이성애자 남성의 정상성을 지켜주기 위해 그의 '질병'을 먼저 강조한 것이다. 살인범의 "여자들이 나를 무시했다."는 말을 반복하고 강조하는 이유는 바로 이성애의 반복된 좌절이 그를 미치게 했다고 납득시키려는 것이다.

남색과 동성애의 차이

동성애와 남색을 유사어로 쓰기도 하지만 이는 완전히 다르다. '남색'은 '여색'과 같은 맥락에 놓여 있다. 남자는 여색을 밝히고 여자는 남색을 밝히는 것이 아니라, 여색이든 남색이든 주체는 오로지 남성이다. 남성이 여성을 성적 대상으로 밝히느냐, 다른 남성을 성적 대상으로 삼느냐의 차이이므로 남색을 하는 주체에게 남성다움의 훼손은 일어나지 않는다. 영화 〈왕의 남

---

7) 토마 마티외가 쓰고 그린 《악어 프로젝트》(푸른지식, 2016)는 성폭력 가해자인 남성들을 모두 악어처럼 묘사한 그림책이다. 권김현영은 이 책의 해제에서 "남자의 얼굴은 아직 그려지지 않았다."라고 말하며 남성 가해자에게 감정 이입하는 것을 차단하기 위한 설정이라고 지적한다. 남성들의 성적 행위들은 아무리 폭력적이어도 남성다움 안에 포함되기 때문에 가시적인 인간으로 그리지 않아야 겨우 감정 이입이 차단되기 때문이다.

자〉에서처럼 우리는 남색의 상대편을 곧잘 여성적 존재로 그린다. 하지만 한 가지 놓치지 않아야 할 지점은 바로 '남색'이라는 말 자체가 대상의 성별을 이미 '남자'로 정의내리고 있다는 점이다. 그가 여성만큼 여리고 곱다는 식으로 묘사된다고 해도 어쨌든 '남자'인 것이다. 왕의 남색을 더 경계하고 비난하는 것은, 왕의 권력이 왕의 사랑을 받는 여성을 통해 다른 남성들에게 나누어지는 것이 아니라 특정 남성에게 직접적으로 권력을 나누었기 때문이다.

예를 들어, 〈고려사절요(高麗史節要)〉를 살펴보면 고려의 7대 왕인 목종(穆宗)이 총애했던 신하인 유행간(庾行簡)에 대해 설명하면서 외모가 매우 미려(美麗)했다는 구절이 있다. 목종이 유행간을 총애했던 이유로 유행간의 외모만 언급한 것은 후대의 관점이니 외모가 목종이 유행간을 총애한 진짜 이유인지는 정확히 알 수 없다. 그리고 외모가 미려하다는 것이 당시의 관점에서 어떤 외모를 의미하는지 역시 우리는 알 수 없다. 그러므로 현대적 관점으로 미려하다는 외모의 기준을 맘대로 상상하기 전에, 우리가 더 관심을 두어야 할 사실은 유행간이 왕의 최측근으로서 왕이 내리는 교지에 어떤 내용이 들어갈지 결정할 정도로 강력한 권력을 쥐었다는 점이다. 그래서 다른 신하들은 그를 마치 왕으로 모시듯 했다고 한다. 바로 이 지점이 왕의 총애를 받는 여성과 남성이 같지 않음을 보여준다. 우리는 왕의 총애를 받아 왕비나 후궁이 되는 많은 여성들의 이야기를 알고 있지만, 그 여성들이 직접적으로 왕과 동일한 지위를 누렸다는 이야기는 들어본 적이 없다. 주로 그 여성의 아버지나 남자 형제들이 요직을 맡으면서 전횡을 일삼는다. 이런 이유로 당시의 사람들은 왕의 여색이 차라리 남색보다 낫다고 여겼을 것이다.

고려 때 목종과 공민왕의 남색은 널리 알려져 있지만 비교적 덜 알려진 사례로 충선왕도 있다. 충선왕은 원충이라는 신하를 매우 총애했는데 원충은 자신에게 권력이 집중되는 것을 오히려 거절했다. 그런 덕인지 원충은 충선왕에서 충혜왕, 충숙왕까지 신하로서 자신의 자리를 지켰고, 다른 이들의 견제를 받지 않고 자신의 명대로 살다가 세상을 떠났다. 그리고 유행간의 외모를 특별히 '미려'했다고 묘사했던 〈고려사절요〉는 원충의 외모에 대한 언급 없이 그가 훌륭한 성품과 뛰어난 업무 능력을 보였다고 기록해놓았다.

또 하나의 사례로 《조선왕조실록》에 실린 남색의 기록 중 세종의 사촌이기도 했던 이선(李宣)에 관한 묘사가 있다. (세종실록 29년 4월 18일) 세종이 이선을 병조판서에 임명했다는 사실과 함께 사관은 이선이라는 인물에 대한 여러 평가를 적어놓았다. 그 중 하나로 이선이 평상시 집 안에서 "예쁜 사내 종과 자기를 처와 첩같이 했다."는 세간의 소문을 옮겨놓긴 했지만, 정작 사관이 관심을 두고 비판하는 지점은 이선이 관료로서 무능하다는 점이었지 그의 성생활은 아니었다. 남성다움이 이성애와 동일시되지 않는 시대에 남성은 다른 남성과 섹스나 연애를 해도 자신의 남성성이 훼손되지 않는다. 왜 정상적인 이성애를 하지 않는 가라는 의문도 없다. 다시 말해 남성 간의 사랑을 '성별 혼란'의 과정으로 보거나 도덕과 윤리의 타락으로 해석하는 것은 근대의 관점일 뿐이다.

이성애주의가 강력한 사회일수록 남성성의 입지는 더욱 좁아지고 위태로워진다. 자신의 몸에 페니스가 있다는 것만으로 충분한 남성성을 보장받을 수 없기 때문이다. 스스로 남성임을 확신한다는 마음만으로는 '정상적인 남성'임을 인정받을 수 없다. 진정한 남성은 자신과 다른 성별, 즉 '남성이 아닌' 사람과 사랑하고 성행위를 해야 한다. 그런데 여기서 모순이 발생한다. 'A가 아닌 것이 A'라고 하는 셈이므로 A가 무엇인지 영원히 정의내릴 수 없다.[8] 내가 사랑하는 사람의 성별에 따라 나의 섹슈얼리티는 정상 혹은 비정상이 된다.

이성애밖에 모르는 사회에서 동성애를 설명하는 것이 가능할까. 이성애적 틀에 갇히는 해석의 한계와 이성애적 언어로만 묘사되는 표현의 빈곤함이 생기지만 그것조차 깨닫지 못하고, '이성(二性)으로 나뉜 인간은 이성애(異性愛)를 하는 것이 이성(理性)적'이라고 강요하고 있다.

---

8) 이 부분은 도란스 총서 1 《양성평등에 반대한다》(교양인, 2017)에 실린 정희진의 "양성평등에 반대한다"를 참조할 수 있다. 이 글은 이분법의 비대칭성에 대해 잘 설명해놓았다.

'다름'은 만들어지는 것

우리는 여자와 남자는 서로 다르기도 하고 같기도 하다는 말을 한다. 하지만 이런 말이 대체 무슨 의미가 있단 말인가. 예를 들어, 흑인과 백인은 다르기도 하고 같기도 하다는 말처럼 말이다. "흑인도 백인과 똑같은 인간이다. 단지 피부 색깔만 다를 뿐"이라는 구호는 사람들에게 인종 차별을 종식하자는 울림을 주는 듯하지만, 이 말을 뒤집어 "백인도 흑인과 다를 바 없는 인간이다. 단지 피부 색깔이 까맣지 않고 흰 것일 뿐"이라고 하면 어색한 느낌만 남는다. 즉, 흑인도 백인과 똑같은 인간이며 피부 색깔만 다르다는 점이 핵심이 아니다. 백인을 기준으로 삼아 흑인도 그만큼 동일한 인간임을 강조할 때, 이는 흑인이 예상과는 달리 백인보다 열등하지 않다는 의미가 될 뿐이다. 그러므로 백인은 이제 편견을 버리고 관용을 베풀어 흑인을 배려하고 포용하는 존재라는 도덕적 성취까지 쉽게 획득하게 된다.

동성애 역시 이성애와 다를 바 없는 사랑이라는 말도 마찬가지다. 우리는 이성애를 일컬어 동성애와 다를 바 없는 사랑이라고 하지 않는다. 동성애자가 이성애자에게 동성애도 정상임을 설명하려고 이성애와 동성애의 유사성을 강조하는 순간, 이성애는 아무런 검토나 증명 과정 없이 '정상'이 된다. 그래서 동성애와 이성애의 유사함이 강조될수록 오히려 동성애자의 실체는 희미해지는 것이다. 결국 동성애는 아무리 애를 써도 이성애와 제법 유사하지만 분명히 다른 모조품이 될 뿐 결코 같아지진 않는다. 차별은 차이로 인해 자연 발생하는 것이 아니며, 평등은 차이에 대한 사회적이고 정치적인 해석에서만 실현 가능하다. 그러므로 우리는 차이를 익숙하게 배열하여 조화로운 상태가 되는 것을 거부해야 한다.

동성애가 가능하다는 것이 곧 이성애가 가능하다는 것을 증명하진 않는다. 이 둘은 아무 관계가 없다. 이성애에 대한 확고한 믿음이 동성애에 대한 이해를 높이지 않는 것처럼 말이다. 동성 간에도 진실한 사랑이나 황홀한 오르가슴이 가능하며 평생을 함께 하길 기꺼이 원하기도 한다는 명백한 사실이 증명하는 것은, 여성을 사랑하는 사람이 반드시 남성이어야 한다거나 남성에게 끌리는 것이 여성다움이라는 믿음이 폐기되어야 함을 의미할 뿐이다. 남성다움 역시 여성과 연애를 하는 것과 상관이 없다. 이성 간 연애에서 남성들이 끊임없이 자신의 남성성을 발휘하거나 과시하려 드는 것은 부질없는 강박 관념일 뿐이며, 오히려 남성성의 결정적인 취약성을 드러낼 뿐이다.

우리는 남녀라는 성별 이분법뿐만 아니라 이성애와 동성애라는 이분법, 부치와 펨이라는 이분법, 생물학적 성별과 사회적 성별이 대립적으로 있다는 섹스와 젠더 이분법까지도 모두 넘어서야 한다. 이분법을 넘어선다는 것은 두 개보다 더 많이 있다는 의미가 아니다. 숫자는 애당초 중요하지 않다. 이분법을 깬다는 것은 대립된 한 쌍으로 이루어진 구조의 안정성에 대한 거부다. 우리가 사는 세상이 항상 그렇게 명쾌하고 깔끔하게 분류될 필요가 없으며, 그래도 괜찮다고 생각해보자는 것이다.

이성애자 남성은 누구인가

그리하여 이제 질문은 다시 시작된다. 이른바 '이성애자 남성'은 누구인가? 이성애자 남성의 정의는 무엇인가? 어떻게 구분하고 판별할 수 있는가? 어떻게 이성애자가 될 수 있었고 남성이 될 수 있었는가? 여성을 사랑하기에 이성애자가 된 것인가? 이성애자이기에 여성에게 끌린 것인가? 이성애자 남성은 상대의 성별이 자신과 '다르다'는 것을 어떤 감각으로 판단하는가? 우리는 모두 '같은 인간'이면서 동시에 '다른 성별'을 지녔는가? 한편, 이성애자 남성은 이성애자이기에 동성애자와 공통점이 없고 남성이기에 여성과도 공통점이 없는데, 그렇다면 '보편적 인류'라는 카테고리에서 그들은 어떤 위치에 있는가? 그들은 누구와 동일시하며 연대할 수 있는가?

남성성과 이성애를 동일시하는 이성애자 남성들은 레즈비언을 남성성이 과잉된 여성으로, 게이를 남성성이 결여된 존재로 다룬다. 그렇다면 과잉이나 결여가 아닌 '적정량'의 남성성이란 과연 얼마만큼일까? 왜 남성성은 이토록 쉽게 과잉되거나 결여될 수 있는가? 게이 커플의 사랑을 아름답게 그린 드라마를 보고 자신의 아들이 게이가 될 수도 있다고 주장하는 '이성애자 부모'들은 왜 그런 걱정에 사로잡힐까? 이성애는 자연의 질서이고 남성성은 타고난 것이라 확신하면서도 왜 그토록 쉽게 허물어질

까 봐 두려워하는 것일까? 남성성과 이성애의 정상성에 대한 믿음은 그토록 강력하면서도, 안정성에 대한 믿음은 왜 이토록 허약할까?

이 시대를 뒤덮은 동성애 혐오와 여성 혐오는 사실상 이성애자 남성들의 불안과 공포의 작동 때문이다. 나는 이런 상상을 해본다. 이성애자들이 서로 진짜 이성애자를 가려내려 하는 모습, 남자들이 누가 더 진짜 남성인지 증명하고 인정받으려 다투는 모습 말이다. 아마도 이 싸움의 마지막엔 아무도 원치 않고 누구에게도 사랑받을 수 없는 초라한 껍데기들만 남을 것이다. 하지만 그 끝이 지구 종말을 그린 비극 영화의 결말처럼 황량하고 쓸쓸하지만은 않을 것 같다. 이 치열한 의구심의 끝에서 마침내 모두가 깨닫길 바란다. 사실 '진짜 사나이'나 '진정한 남성' 따위는 없다는 것을. 자신이 사이비나 가짜, 복제품이나 2등급 남성으로 지목될지 모른다는 공포심 때문에 이제 더는 다른 사람을 공격하고 비난할 필요가 없다는 것을.

트랜스남성은 어떻게
한국 남자가 되는가

준우 | 2006년부터 트랜스젠더 인권 활동을 하고 있으며 현재는 '트랜스젠더 인권 단체 조각보'에서 일하고 있다. 여성학을 전공하면서 트랜스젠더의 정체성 형성 과정을 연구했다. 최근에는 바이섹슈얼과 폴리아모리를 키워드 삼아 성별 정체성의 의미를 다각도로 고민하는 작업에 매진하고 있다. 함께 쓴 책으로 《젠더의 채널을 돌려라》, 《수신확인, 차별이 내게로 왔다》 등이 있다.

트랜스남성이 이렇게 평범해도 되는 거야?

2008년 10월 서울의 작은 극장에서 열렸던 트랜스남성의 남
성성에 대한 토론회에서, 한 트랜스젠더 발표자가 트랜스남성
커뮤니티 게시판에 올라온 다음 구절을 인용했다.

버스가 주행하며 기우뚱거렸을 때 나는 앞에 서 있던 여자 쪽으
로 휘청거렸다. 나의 불룩한 아랫도리가 그녀의 엉덩이 쪽에 닿았는
데 그녀가 몸을 빼면서 흘깃 뒤돌아본다. 팬티 앞부분에 넣어 둔 가
짜가 진짜처럼 느껴졌나 보다. 그녀가 내 아랫도리에 무척 신경을
쓰니까 재미있기도 하고 진짜 남자가 된 기분에 조금 흥분되었다.[1]

---

1) 크레아틴, 'FTM 욕망이라는 전차', "FTM 욕망 그리고 남성성 : 남성성에 대한 다
양한 상상들, FTM 욕망 그리고 남성성: 〈3xFTM〉 기획 상영회 및 토론회", 2008에서
재인용.

발표 당시 위 인용문은 많은 논란과 반발을 낳았다. 토론 장 객석에서는 "저건 단지 치한이 되고 싶다는 거잖아?"라면 서 화를 내는 사람도 있었다. 반대로, 사회가 강제하는 정상적 인 남자 되기의 규범을 따를 수밖에 없는 트랜스남성의 처지 를 고려하자거나, 남성성을 다양하게 상상할 수 있는 여지를 주 지 않느냐는 반론도 나왔다. 이 인용문은 트랜스남성성(trans-masculinity)을 어떻게 이해할지 복잡한 고민을 던져준다. 트랜 스남성도 그저 잠재적 성폭력 가해자 남성일 뿐인가? 아니면 페 니스 부재라는 실존적 현실에서 정상 규범과 협상하고 투쟁하는 전복의 주체인가?

위의 인용 구절을 보았을 때 나는 "트랜스남성의 남성성이 이 렇게 평범해도 되는 거야?"라는, 결이 다른 인상을 받았다. 상대 방이 불쾌함을 느꼈는지에는 조금도 관심 없고 그저 자신이 남 자인지를 확인받은 것만 기뻐하는 모습은 보통 한국 남자들의 유치함과 똑같았기 때문이다.

이후 나는 트랜스남성성을 평범하지 않고 특별한 것으로 보 고 싶은 욕망에 휩싸일 때마다 저 인용문을 떠올렸다. 사실 내 가 만나보았던 트랜스남성 중 많은 수가 남성 우월주의적 관점 을 지니고 있었다. 이를테면, 트랜스남성 커뮤니티에서는 어떻 게 하면 남성다움을 과장하여 뽐낼 수 있을지 정보를 공유한다. 외모가 남자답지 않은 구성원은 하대한다. 여성을 더 노골적으로 성적 대상화할수록 진짜 남자답다는 칭찬이 오간다. 부모를 봉양하고 처자식을 먹여 살리기 위해 일터에서 열심히 일하는 가부장을 역할 모델로 삼는다. 형/아우 노릇을 중시하고 서로의 여성 파트너를 형수님과 제수씨로 깍듯이 대한다.

트랜스남성은 특별하지 않을까라는 기대와 달리, 보통 남자와 다를 바 없는 그들의 마초적 모습을 들여다보며 그 평범함에 새삼 놀랐다. 트랜스젠더의 남성성은 왜 이토록 평범한가? 한국 보통 남자들의 남성성, 이른바 '한남'의 남성성과 어째서 다를 바가 없는가? 이 글은 이러한 문제의식에서 출발한다.

이 질문에 답하기 위해 트랜스남성 다섯 명을 인터뷰했다. 이들에게 자신의 남성성을 언제 어떻게 자각했는지와 어떤 공간에서 어떻게 행동하는지를 물었다. 당연히 이 다섯 명은 트랜스남성 전체를 대변하지 않는다. 이들은 각자 자신의 경험만을 전할 뿐이다. 또한 이들의 경험에 공통적인 서사가 있다 하더라도 그것을 일반화할 수 없을 것이다. 나는 페미니스트이자 남성으로서 살아가며 트랜스젠더 인권 활동을 하고 있는 여러 위치에서 그들의 이야기를 해석하려 했다. 이 글에 실린 내용은 그들의 답변을 해석한 나의 책임이라는 점을 분명히 밝히면서 이야기를 시작해보고자 한다.

본론으로 넘어가기에 앞서, 이들의 상황을 (도표로 다 축약할 수는 없겠지만) 독자들이 쉽게 이해하게끔 인터뷰 참여자의 기본 정보를 담은 표를 첨부한다.

〈표 1〉 인터뷰 참여자의 기본 정보[2)]

이름 (가명)	인철	정환	태혁	선곤	규빈
나이	30	27	29	34	36
성별 정체성	ftm 남성	FTM	남성 / FTM	FTM 트랜스남성	ftm
성적 지향	이성애	이성애	범성애	동성애	양성애
최종 학력	고졸	대졸	고졸	대학원 졸	대졸
직업	기술직	번역	요식업 종사	교육 전문직	IT 기술직
거주지	경상남도	경기도	서울	서울	경기도
혼인 경험 유무	무	무	무	무	무
의료적 조치 — 호르몬 투여	5년차	4년차	5년차	10년차	12년차
의료적 조치 — 가슴 제거 수술	O	O	O	O	O
의료적 조치 — 생식 능력 제거	O	X	O	O	O
의료적 조치 — SRS[3)]	X	X	X	X	X
법적 성별정정	정정 완료	계획 중	정정 완료	정정 완료	계획 중

평범한 남자의 들킬 위험

　트랜스남성성을 특별하고 유별난 것으로 보는 관점은 트랜스
남성을 시스남성(cis-man, cis-male)[4)]과 대비하려는 데에서 드러

---

2) 성별 정체성을 대소문자로 구분하여 표기한 이유는, 인터뷰 참여자들이 밝힌 용
어를 수정하지 않고 말한 그대로 표기했기 때문이다. 'ftm' 혹은 'FTM'은 female to
male의 약자이며, 이 글에서는 '트랜스남성'과 동의어로 사용한다.

3) 'sex reassignment surgery'의 약자. 보통 성전환 수술이나 성적합 수술, 혹은 성
재지정 수술로도 번역된다. 몇몇 트랜스젠더들은 수술을 거쳐 A에서 B로 바꾸는 게
아니라 원래 있어야 할 몸의 상태로 다시 돌아간다는 의미를 강조하는 입장에서 성
전환 수술이란 번역을 꺼리는 입장에 있다. 이 글에서 'SRS'는 주로 트랜스남성이 외
성기를 갖추기 위해 페니스를 성형하는 수술을 가리킨다는 점을 미리 알려 둔다.

4) cis-는 라틴어에 기원을 둔 접두사로서 '~의 이쪽 편에 있는'을 뜻한다. cis-의 반
대말 trans-는 '~의 다른 편에 있는, ~의 다른 편으로 건너간'이란 뜻이다.

난다. 시스남성은 태어날 때 지정받은 성별과 자신의 성별 정체성이 일치하는 사람을 가리키는 시스젠더(cis-gender)에서 파생한 말이다. 사람들은 트랜스남성이 시스남성과 신체 조건이 다르며 성장 과정도 다르므로, 두 집단의 남성성 역시 다르다고 간주한다. 트랜스남성 스스로도 자신들은 시스남성과 다르다고 인식하며 산다. 트랜스남성 사이에서 시스남성이란 말은 자신과 대비되는 존재, 즉 '트랜스젠더가 아닌 남성'으로 흔히 사용되고 있다.

이때 시스남성이란 말은 두 가지 의미가 뒤섞여 사용된다. 하나는 트랜스남성이 일상에서 만나고 함께 지내는 실제 남성들, 즉 생물학적으로 남성으로 태어나 남성으로 살아가는 남성들이다. 다른 하나는 남자라면 어떻게 행동해야 하고, 어떤 모습이어야 하며, 누구와 무엇을 욕망해야 하는지를 아우르는 규범을 충실히 따르는 '완벽한 남성'이다. 트랜스남성은 스스로 이러한 시스남성과 다르다는 인식에서 남성으로 정체화를 시작한다.

트랜스남성은 남에게서든 자기 자신에게서든 끊임없이 "너 여자 아냐?"라고 의심하는 질문에 그렇지 않음을 입증해야 하는 삶을 산다. 트랜스남성은 여성이었던 흔적이 남아 있지 않은지 자신을 더욱 엄격히 검열한다. 이들은 어린 시절에 여성으로 양육된 경험이나 여학교에 다닌 경험 등 '여성으로 살았던 경험'을 전부 부정하지 않는다. 사실, 그 경험은 완전히 버리고 싶더라도 끝내 버리지 못하는 무언가로 남는다. 여성으로 살았던 과거를 간직한 채, 현재의 자신을 다른 남자들 사이에서 튀지 않고 평범하게 보일 남성으로 정체화하기 위해 애쓰는 점이 트랜스남성성의 큰 특징이다.

트랜스남성의 '여성으로 살았던 경험'은 트랜스남성성을 유별난 것으로 보게 한다. 트랜스남성성의 특성을 모두 '여성으로 살았던 경험'으로만 설명하려는 경향을 보이는 것이다. 이를테면 '여성으로 살았던' 남성이 겪었던 경험의 무게에 짓눌려 트랜스남성에 대한 연구는 트랜스남성성을 시스남성의 남성성과 확연히 다르다고 해석하곤 한다. 트랜스남성 역시 자신의 과거 경험과 현재의 남성 되기 미션 사이에서 겪는 어려움을 '나는 남자가 아니었으니'[5]에서 이유를 찾는다.

보통 트랜스여성은 여성스러움을 표출할수록 더 쉽게 여자로 받아들여진다. 트랜스여성의 '예쁜 여자 되기' 임무에서는 여성들 사이에서 잘 어울리느냐보다 얼마나 여성스러운가가 더 중요하다. 그런데 트랜스남성은 트랜스여성과는 전혀 다른 임무를 수행한다. 그들은 여성스러움을 버릴수록 남성의 모습에 가까워진다.(물론 모든 트랜스남성이 그렇지는 않다.) 다시 말해, 트랜스남성이 '여자로 보이지 않음'을 '남자 되기'의 전제 조건으로 인식한다는 사실이 트랜스남성성의 중요한 키워드이다.

---

5) 몇몇 트랜스남성은 '이전에는 남성이 아니었다가, 전환 과정을 거친 후 남성이 되었다'는 서사를 쓰지 않는다. 어떤 트랜스남성들은 단지 남들에게 쉽게 인정받기 위해 그 서사를 전략적으로 취사 선택한다.

하지만 '여자로 보이지 않음'은 '남자 되기'의 전제 조건일 뿐, 둘은 곧바로 등치되지 않는다.[6] 남자라고 자각하려면 사회의 지배적인 남성성과 동일시되려는 더 적극적인 과정, 즉 한국 사회의 성별 규범이 어떻게 작동하고 있는가를 눈여겨보며 학습하는 과정이 필요하다. 학습의 주제는 눈에 띄지 않고 특출나지 않게 다른 남자들 무리에 잘 섞이는 것이다. 트랜스남성은 평범함에서 남자다움을 느낀다. 그런데 평범함은 트랜스남성이 자주 강조해서 말하는 '들킬 위험'과 연결된다.

> 핑크나 빨간 계통의 것들 …… 귀여운 캐릭터 들어간 건 손이 안 가고요. 검은 계통 패션이어야 사람들이 날 여자라고 보지 않겠지 싶었죠. "혹시 여자 아냐?"라는 빌미를 주면 안 된다고 생각했죠. (규빈)

트랜스남성들은 무엇을 들킬까 봐 두려워하는 것일까? 트랜스남성은 특별한 남성이 아니라 '보통의 평범한 남자'로 인정받기를 더욱 갈망한다. 그런 측면에서 이들이 들키고 싶지 않고 들

---

6) '여자가 아님'이 곧바로 '남자 되기'로 연결되지 않는다는 점은 레즈비언 시스여성들의 남성성에 대한 논의에서도 살펴볼 수 있다. 레즈비언 여성으로서 남성성 발현이 여성이자 레즈비언, 그리고 페미니스트로서 정체성과 어떻게 모순적이면서도 공존할 수 있는지에 대한 논의는 한채윤, "페미니스트이기보단, 페미니스트가 아니고 싶지 않은",《페미니스트 모먼트》, 그린비, 2017, 71~101쪽을 참조.

켜서 안 되는 것은 자신을 시스남성과 구분 짓는 흔적들이다. 트랜스남성은 자신의 신체가 달라서, 어린 시절의 경험이 달라서, 신분증의 표기가 이상하다는 이유로 '들킬 위험'이 상존하기 때문에 자신의 위치가 위태롭다고 자각한다.

그렇다면 '들킬 위험'은 단지 "혹시 여자 아냐?"로 의심받는 것처럼 여자로 살았던 과거가 발각되는 일뿐인가? 완벽한 남성 되기란 실현 불가능한 목표이기에 모든 남자가 '들킬 위험'을 겪는다. 그래서 트랜스남성의 '들킬 위험'에는 과거를 들키는 것만이 아니라 '남성성을 수행할 수 없는 존재라는 사실'도 해당된다. 트랜스남성은 모두 '들킬 위험'을 모면하려고 자기만의 불안감 속에서 치열하게 싸우고 있다. 때로 트랜스남성은 누군가(주로 여성)를 타자화하고 폭력을 행사함으로써 그 불안을 해소해가며, '완벽한 남자'가 아니라는 것을 들킬 위험을 안은 채 남성으로 살아간다.

여기서 우리는 '들킬 위험'의 의미를 다시 고민해보아야 한다. 남자 되기의 실패는 트랜스남성에게만 벌어지는 특별한 일이 아니다. 모든 남성성은 '들킬 위험'이 있다. '들킬 위험' 자체가 남성성의 중요한 속성이다. 무엇을 들킬지 두려워하는지는 각자 다르다. 부족한 재력일 수도 있고 성적 능력의 결여일 수도 있다. 그 누구도 '완벽한 남성 되기'를 완수할 수 없지만 아무도 고백하지 않는 암묵적 합의가 있다. 남성은 '들킬 위험'의 비밀을 매개 삼아 집단의 공통된(즉, 평범한) 남성성을 공유한다. 트랜스남성 역시 이미 주변 남성들과 별반 다를 바 없는 남성성을 발현하면서도 '여자로 살아온 경험'에 과잉 의미를 부여하면서 동시에 평범함을 추구한다.

'들킬지 모를 위험'은 지독하게 일상적이다. 역설적으로 트랜스남성이 겪는 '들킬 위험'은 남성성의 검증이 모든 남성 구성원을 대상으로 하여 일상적이고 반복적으로 이뤄짐을 의미한다. 그리고 트랜스남성을 비롯한 그 누구도 완벽한 남자 되기에 도달하기는 불가능하다는 것을 반증한다.

남성 간 유대 관계에서 남자 되기란

남성들 간 관계의 큰 특징은 위계적이란 점이다. 위계를 토대로 삼아 서로 친밀하게 지내는 듯하지만, 위계를 확인하는 과정에서 서로 얼마나 남자다운지를 검열하는 시선이 깔려 있다. 사회의 규범적 남성성은 모든 남성 구성원들이 남성성을 충실히 잘 수행하고 있는지 서로 끊임없이 확인하고 감시함으로써 유지된다. 그렇기에 남성들은 남을 평가하고 혼내는 문화를 바탕으로 하여 친교를 유지한다. 그 일환으로 이른바 '꼰대질'과 '가르치려 듦'이 남자의 어쩔 수 없는 본능인 것처럼 회자되기도 한다.

이 글은 성별 이분화 공간, 남자만 들어갈 수 있는 공간에서 형성되는 남성 간 유대 관계(homosocial)를 통해 서로를 확인하고 감시하는 행동에 특히 주목한다. 남자만 들어갈 수 있는 공간에 소속될 수 있는지 여부는 '평범한 보통 남성' 구성원으로서 인정받았는지를 가늠케 하는 척도가 되기 때문이다.[7]

기숙사와 위계 관계 속에서 남자 되기

인철은 회사에서 제공하는 숙소에서 공동 생활을 한다. 그에게 회사 기숙사는 남성성을 재사회화하기 좋은 공간이다. 그곳에서 평범하게 지낸다는 것은 인철에게 그저 아무 일 없이 조용히 지내는 것을 뜻하지 않는다. 남성들끼리의 대화에 어떻게 응답하는 게 적절한지를 하나하나 습득해 가는 과정을 거쳐 인철은 평범함을 얻을 수 있었다. 이러한 습득 과정은 성적 행위의 경험담을 다른 남성들과 공유할 때 특히 두드러지게 나타난다.

제조업 관련 직종이라 숙소 생활을 했는데요. …… 동료애 같은 감정도 느꼈고요. 그때 처음으로 '남자들만의 세계'랄까? …… 남자인 친구들과 있을 때 가끔 자위 방법 얘기를 나눠요. 근데 그 녀석들이 가지고 있는 페니스가 저에겐 없다 보니 부러울 때가 많죠. 하지만 저도 그들과 다를 거 없이 자위한다고 거짓말을 해요. (인철)

자위 경험 공유, 성적 능력 과시, 여성의 대상화 등은 남성 집

---

7) 남성 간 유대에서 성별 체계상 남성의 지위와 소속감을 어떻게 구성하는가에 대해서는 권김현영, 〈병역 의무와 근대적 국민 정체성의 성별 정치학〉, 이화여대석사논문, 2002를 참조.

단을 끈끈하게 유지하는 중요한 요소이다. 남성끼리 나누는 '몇 명과 자봤다', '하룻밤에 몇 번을 사정했다', '내 물건은 크고 굵어서 상대 여자가 힘들어 죽는다' 따위의 말 상당수가 실제로는 일어나지 않은 일이지만 그럴듯한 말로 포장된다. 과장과 허세로 뒤덮인 이러한 대화는 남성끼리 친밀함을 확인하는 수단이다. 대화에 참여하는 남성들은 그 대화 내용이 과장되고 거짓임을 알면서도 암묵적으로 수용함으로써 집단적 동질감을 느낀다. 페니스가 없는 인철은 얼핏 남자 되기에 실패하는 트랜스남성의 전형적인 모습을 보여주는 듯하지만, 사실은 페니스 유무와 상관없이 남성 간 유대 관계에 속할 수 있다는 점을 반증하기도 한다.

다른 한편, 트랜스남성들은 페니스가 없다는 것을 집단 내 위계에 소속됨으로써 보상받는다. 위계 서열에 소속되는 것은 업무 능력을 향상시키고 인맥을 유지하는 중요한 생존 수단이 됨과 동시에, 남성 중심 사회를 유지하고 구성하는 데 기여하는 일원의 자격, 즉 평범한 성인 남성의 위치라는 사회적 남근인 지배적 남성성을 획득하는 과정이다.

밖에서 클라이언트들과 대화를 할 때면 처음 인사할 때부터 서열을 확인하죠. …… 그게 가장 편하고 손쉽게 신뢰를 쌓는 방법이다 보니 저 역시 거기에 맞춰주려 해요. 때때로 저에게 비어 있는 부분, 예를 들어 군대 경험이나 출신 학교 부분을 거짓말로 채워 넣기도

하고요. …… 서열의 연결점을 찾는 게 신용을 쌓고 경력을 쌓는 방법이 되더라고요. (규빈)

규빈의 발언 중 '거짓말로 채워 넣어' 위계 서열을 토대로 한 유대 관계를 유지한다는 점에 특히 주목해야 한다. '들킬 위험'을 피하기 위한 트랜스남성의 거짓말은 남성 간 유대 관계를 위계 서열 형태로 지속 가능하게 한다. 규빈이 트랜스남성이기 때문에 거짓말을 했다는 사실이 중요한 것이 아니라, 누군가 거짓말을 한다 해도 남성 간 유대 관계는 형성되고 유지될 수 있다는 점이 중요하다.

그런데 트랜스남성들은 '들킬 위험'의 맥락을 강조하며, 자기 자신을 시스남성과 다른 위치에 놓는다. 인철은 "남자들 사이의 위계 질서는 더 까다롭고 익숙해지기 어렵다."며 자신이 시스남성에 비해 불리한 위치에 놓여 있다고 생각한다. 그런데 어떤 것과 비교해서 더 까다롭다는 걸까? 여성끼리의 위계 질서보다 더 까다롭다는 말일까? 그가 어려움을 겪는 이유는 오로지 여중·여고를 다녔거나 군대를 갔다 오지 않아서 남성으로서 재사회화가 시스남성들보다 더 늦었기 때문일까?

인철을 비롯한 트랜스남성들은 "시스남성은 욕을 먹는 정도지만 우리처럼 남자라는 정체성 자체를 부정당하는 건 아니잖느냐?"라고 토로하며, 남성 집단 내 위계 서열에서 탈락하면 더 심한 비난을 받게 될 것이라고 생각하고 있다. 이들의 입장에서

'사내자식이 왜 그따위야?'와 '남자도 아닌 게!'는 천지 차이이다. 이 발언은 마치 시스남성과 트랜스남성 간의 극복할 수 없는 차이를 강변하는 듯 보인다. 그런데 이 차이를 분명히 구분하여 말할 수 있다는 것은 그가 이미 그 집단에 남자로서 속해 있을 때에만 가능한 발언이다. 따라서 이 발언은 트랜스남성은 남성 집단의 위계 질서로 진입하는 것이 불가능하다는 뜻이 아니라, 그도 이미 위계 관계 속에서 '평범한 남자 되기'의 다양한 어려움을 겪으며 살아가고 있다는 의미로 읽어야 한다.

공중 화장실에서 남자 되기

공중 화장실은 '들킬 위험'이 극대화되는 곳 중 하나이다. 공중 화장실은 생리 현상을 해결하는 생존에 필수적인 공간이면서 혼자 있을 수 있는 사적인 공간이고, 동시에 공적인 소통이 이뤄지는 복잡한 장소이다. 남성에게 공중 화장실은 혼자 용변을 보는 곳이자, 남성 간 유대 관계가 형성되는 공간이다. 동료들과 함께 사용하는 공중 화장실은 적극적인 소통이 이뤄지는 공간이다. 동료들끼리 소변 줄기의 세기로 정력을 비교하고, 대변을 얼마나 자주 보는지를 따지고 놀린다. 나란히 서서 시답잖은 농담을 나누기도 한다. 그래서 트랜스남성은 그 공간에서 들켜서 추방당하는 일을 피하기 위해 매사에 전략적으로 행동한다.

STP 패커(Stand-To-Pee Packer)[8]를 쓰지만 자주 사용을 안 하는

편이에요. 그냥 칸에 들어가서 소변을 봐요. 서서 쏘는 연습을 해도 잘 안 되더라고요. 한번은 직장 동료가 "넌 왜 칸에 들어가서만 싸냐?" 물어보더라고요. 순간 당황했지만, 신발에 오줌 튀는 게 싫어서 그렇다고 둘러댄 적이 있네요. 예전에는 똥오줌도 맘 놓고 쌀 수 없는 내가 불쌍하다 느꼈죠. (인철)

인터뷰 참여자 다섯 명은 모두 화장실을 사용하는 데 큰 불편을 느끼고 있었다. 인터뷰 참여자들은 똥만 싸는 놈으로 보일까 봐 눈치 보고(태혁), "왜 자꾸 칸막이에 들어가냐?"는 질문을 받기도 하고(정환), "좌변기에 들어가서 쏴도 오줌 누는 소리가 다르다는 걸 신경 쓰는 사람도 있다."(선곤)고 말한다. 왜 소변기를 쓰지 않는지 의아해하는 시선을 피하기 위해 '조준을 잘해서 서서 싸고 나오는' 방법을 쓰는 등 대안적 전략이 아예 없는 것은 아니지만 늘 효과적이지는 않다. 그래서 심지어 용변을 계속 참거나 외진 화장실까지 멀리 가는 방법을 택하기도 한다.

트랜스남성이 공중 화장실을 사용할 때 일상적 어려움을 겪는다는 사실은 트랜스남성으로 살아가기가 얼마나 힘든 일인지를 상징한다. 그들에겐 매일 당면하는 현실적인 문제이다. 그러

---

8) 페니스와 고환의 모양을 한 인공 보형물. 실리콘처럼 피부와 같은 말랑한 재질로 제작되며, 접착제를 사용하여 몸에 탈부착할 수 있다. 피부색이나 크기 등 다양한 종류를 선택할 수 있으며, 기능에 따라 단순히 볼륨감이 생기게 하는 패커, 소변을 볼 수 있게 튜브가 들어있는 패커도 있으며, 삽입 섹스 때 사용할 수 있는 패커도 있다.

나 뒤집어 생각해보면, 우리는 여기서 남성성의 또 다른 특성을 엿볼 수 있다. 그것은 남성성이란 일상적으로 검증받는다는 점이다.

화장실은 남성끼리 서로의 남성성을 일상적으로 감독하고 감시함으로써 유대 관계를 지켜내는 공간이기도 하다. 단지 생리현상만 해결하면 되는 공간이라면 남자 화장실이든 여자 화장실이든 상관없을 것이다. 그러나 트랜스남성이 남자 화장실을 사용하는 것은 자존감과 소속감의 문제이다. 공중 화장실 입구에 걸린 성별 표기에 맞춰 그 안에 들어가는 순간, 그 공간은 소통의 공간이 된다. 이때 소통은 친밀한 농담 주고받기만 일컫는게 아니다. 공중 화장실의 성별 표기 아래에서 모두는 '이곳에 속할 만한가?'를 두고 서로를 끊임없이 확인하고 감시한다.

대중목욕탕에서 남자 되기

남성 간 유대 관계는 대중목욕탕에서도 공중 화장실과 유사한 특성을 보인다. 대중목욕탕은 나체가 되는 곳이자, 동시에 계급장을 벗어 던진 남자들끼리 진솔한 대화가 오가는 장소이다. 트랜스남성들은 가슴 제거 수술을 하기 전에는 유방이 있는 몸이라서, 가슴 제거 수술 후에는 흉터 자국과 자리 잡히지 않은 모양 때문에, 그리고 페니스가 없는 게 드러날 수 있다는 이유로 대중목욕탕 사용을 꺼린다.

아예 방도가 없는 건 아니다. 선곤은 가슴 제거 수술을 받은 다음 남성의 가슴으로 보이는 상반신을 얻은 후, 사타구니를 적당히 가리고 돌아다니면 충분히 가능하다고 말한다. 그가 '들킬 위험'을 무릅쓰고 이 같은 노력을 기울이는 데에는 인정받는다는 뚜렷한 목표가 있다. 선곤은 대중목욕탕을 '남자임을 증명할 수 있는 유용한 수단'으로 적극적으로 활용한 바 있다고 말한다.

가슴(제거 수술) 하고 나서 목욕탕에 다니기 시작할 때쯤부터 사람들에게 사우나 가자는 얘기를 많이 했어. 예전 것을 뒤집고 싶은 마음이었던 거 같아. 증명하고 싶은 마음이랄까? 나에 대해서 자각을 못 하거나 거부감이 있거나 받아들이지 않는 사람이더라도 그들에게 목욕탕이나 사우나 같이 가자고 했었어. '남성 사회에 제대로 속한다'의 최고봉은 역시 목욕탕 같이 가기인 듯하거든. 당시엔 일종의 인정을 받기 위한 중요한 행위였어. (선곤)

트랜스남성은 대중목욕탕을 '안 간다'기보다 '못 간다'. 그래서 더 가고 싶어 한다. 그들은 대중목욕탕에 단지 몸을 씻는 공간 이상의 의미를 부여한다. 트랜스남성에게 그곳은 남성 되기의 조건과 남성 집단 내 소속 여부를 검증받는 최고 수위의 공간이다. 이런 맥락에서, 선곤은 자신이 남성임에 의구심이 있던 지인들에게 카운터펀치를 날리는 심정으로 목욕탕에 함께 가자고 제안한다. 선곤은 이 당시 "거기에 가자고 할 만큼인데도 날 못 받아들여?"란 마음과 "정말 같이 가서 까 보여줄 수도 있다고!"라는 마음이 동시에 있었다. 그리하여 선곤은 대중목욕탕을 남성임을 증명하는 수단으로서 적극적으로 활용했다.

그러나 몇 년 후 변화가 생겼다. 현재 선곤은 이러한 전략을 더는 사용하지 않는다.

(성별) 정정을 받고 나서 여러 가지를 정리하게 되는데, 그중 하나가 이제는 목욕탕을 가자고 주변에 말하지 않는다는 거야. 굳이 그럴 필요가 없이 훨씬 더 좋은 증명 수단인 새로 발급받은 주민증을 보여주는 것만으로도 다 정리가 되거든. …… 지금 돌아보면 나 자신도 거기에 이상하게 과한 의미를 부여했고, 그렇게 같이 가자고 말하던 행동이 살짝 부자연스럽다 여겨지기도 하고. …… 정정 전이든 후든 나의 외모나 직장 등 일상에서 크게 바뀐 건 하나도 없는데 신분증 하나만 있으면 증명을 위한 다른 노력이 없어도 되는 거지. (선곤)

법적 성별 정정은 선곤이 남성 집단과 어울리는 방식을 변화시켰다. 이는 선곤의 인정 욕구가 변화했음을 의미하며, 동시에 남에게 인정받아야 할 지점이 변화했음을 의미한다. 이전까지 그는 지인들에게 목욕탕에 같이 가자고 제안하며 남성임을 증명하려 했지만, 이제는 그럴 필요가 없다. 그는 모든 것을 한 방에 집약하여 해결해줄 '절대 반지', 뒷번호 첫 자리가 1로 바뀐 주민등록증을 얻었다.

주민 등록 번호 뒷자리는 그가 어떤 모습을 하더라도—설령 긴 머리에 치마 차림이더라도—누구도 그가 남성이 아니라고 말할 수 없게 해주었다. 위의 얘기를 내게 들려주던 선곤의 표정에는 만족감과 동시에 허망함도 비쳤다. 그가 애써 증명하고자 했지만 신분증에서 바뀐 숫자 하나로도 손쉽게 증명될 수 있는 남성성은 과연 무엇인지 만감이 교차하는 듯이.

선곤처럼 법적 성별 정정을 한 트랜스남성은 여성으로 살았던 흔적에 대한 의구심을 한 방에 날려버릴 공인된 자격증을 취득한 것이다. 국가가 남자라 공인했는데 누가 뭐라 하겠는가. 선곤의 경우처럼 신분증이 바뀌면 힘든 일은 이제 다 끝난 것처럼 여겨진다. 하지만 그렇게 끝날 리 없다.

남자의 몸은 낭만이자 권력이다

이상적인 남성성은 정치적 맥락을 포함하는 개념이며, 사회적 담론이 변하면서 계속 바뀐다. 그래서 남성성은 그 누구도 100퍼센트 이행할 수 없다. 그렇지만 열등한 위치에 있는 남성 집단일수록 더 강하게 이상적이고 규범적인 남성의 이미지를 획득하고 실천하기를 열망한다. 이때 남성성이 사회적으로 인정받는지를 판별하는 기준은 그 사람의 몸이 규범에 적합한지, 즉 얼마나 남자다운 몸을 갖추고 있는지에 달려 있다.[9] 따라서 다수의 트랜스남성은 몸의 상태가 규범적 남성의 이미지, 즉 보통 남성에 얼마나 가까워졌는지를 남성 되기의 척도로 받아들인다. 이러한 측면에서, 이들은 의료적 조치(호르몬 투여, 가슴 제거 수술, 생식 능력 제거, 페니스와 고환의 외형을 만드는 수술 등)를 통한 트랜지션(transition) 과정을 선택한다.

상의 탈의

가슴 제거 수술은 일상생활에서 트랜스남성들의 성별 인식에 극적인 변화를 준다. 가슴 제거 수술의 부작용은 수술의 흉터가 남거나 수술 부위의 감각이 사라지는 것이다. 그렇지만 가슴 제거 수술을 택한 트랜스남성들은 이 위험을 감수한다. 그들은 볼록한 가슴보다 흉터를 가리는 게 더 쉽다고 말한다. 트랜스남성의 수술한 가슴은 각기 다른 형태와 부작용을 안고 있지만, 하나의 이상향을 지향한다. 옷을 걸쳤을 때 여자 가슴이라는 티가 나지 않을 것, 판판하고 넓은 가슴일 것, 만졌을 때 말랑한 지방 덩어리가 아니라 근육이 있을 것. 판판한 가슴은 남성 간 유대 관계에 적응하는 데 중요한 기제가 된다. 남성 집단 내에서 동료끼리 상대의 가슴을 두드리는 행위는 종종 강한 친밀감과 신뢰의 표시로도 쓰인다.

남성다운 가슴은 공공장소에서 상의 탈의를 할 수 있는 몸이

---

9) 소수자에 속하는 남성 집단이 사회적 남성성을 획득하기 위해 어떻게 규범화된 남성적 몸 이미지를 수용하고 적극 실천하게 되는지에 대해서는 조지 L. 모스, 《남자의 이미지: 현대 남성성의 창조》, 이광조 옮김, 문예출판사, 2004를 참조.

다. 상의 탈의를 할 수 있는 트랜스남성은 여성으로 의심받을 위험에서 벗어나 남자다운 성적 매력을 새롭게 얻는다. 물론 모든 이가 상의를 벗어 성적 매력을 과시하는 남자를 긍정적으로 보지는 않는다. 남자의 성적 매력 과시는 과잉된 마초성을 동반하기에 성별 위계상의 폭력성을 연상시키기도 하기 때문이다. 서두에서 언급한 토론장에서 또 다른 발표자는 "공개적인 장소에서 웃통을 벗는 트랜스남성의 이미지를 보고 마초성이 발현되는 폭력적 상황의 불편함을 느꼈다."라고 말한 바 있다.[10]

그렇지만 트랜스남성들은 상의 탈의를 자신들의 로망이라고 말한다. 상의 탈의를 두고 자신을 옥죄던 굴레에서 드디어 해방되었다고까지 표현한다. 지방이 사라지고 근육이 잡힌 가슴을 성적 매력으로 보든 마초적 남성성으로 받아들이든, 이들은 그것을 남성에게만 있는 성적 속성을 드러낼 수 있는 몸, 남자 되기를 실현할 수 있는 몸으로 인지하기 때문이다. 드디어 '진짜 남자가 될 준비'가 된 것이다.

남성다운 가슴의 성적 속성은 남성으로서 성별 표현(gender expression)의 가능성을 크게 열어준다. 남성스러운 가슴은 어떤 성별 표현을 로망으로 삼을지 강하게 표출할 수 있게 한다. 이를테면 정장 차림이 잘 어울리는 몸처럼 말이다.

---

10) 트랜스젠더인권활동단체 지렁이, '〈FTM 욕망 그리고 남성성〉 후기', 2008에서 인용.

정장과 '꼬툭튀'

의료적 조치를 거쳐 가슴의 굴곡이 없어지면서, 트랜스남성들은 자기 몸을 더 구체적으로 상상할 수 있게 된다. 인터뷰 참여자들에게 몸 이미지와 관련하여 어떤 로망이 있는지를 질문했을 때, 그들은 이구동성으로 정장 차림을 강조했다. 그런데 이들은 단지 정장을 입는 것만을 욕망하는 게 아니다. 정확히는 정장을 걸쳤을 때 멋스러운 몸을 얻고 싶다는 쪽에 가깝다. 결국 정장에 대한 로망은 '되고 싶은 몸 이미지에 대한 로망'으로 귀결된다.

정장 입는 거 정말 로망이에요. 근데 키가 작으니 너무 폼이 안 나는 거죠. …… 양아치 같은 거 말고, 살 빼고 나면 내가 원하는 정장을 맞춰 입을 거예요. 친한 친구들하고 다들 쫙 빼입고 거리로 나가면 멋질 거 같아요. (태혁)

몸을 둘러싸고 있는 외피로서 정장이 지닌 상징성 또한 이들이 원하는 남성성을 가리키는 지표 중 하나이다. 멋쟁이, 신사, 품격, 사회적 지위, 부유함, 친절함, 어른스러움, 중후함, 여유로움 등 정장은 '멋지고 성공했으며 윤리적인 남성성'이 집약된 상징물이다. 정장이 잘 어울리는 몸은 남성들 사이에서 존경받고 여성들에게 남성으로서 성적 매력을 발산할 수 있으며, 이성애 중심 사회 규범에 모범적인 성애적 이미지로서 남성성을 상징한다.

2016년 개최된 제16회 퀴어영화제는 폐막작으로 다큐멘터리 영화 〈맞춤 수트〉[11]를 선정했다. 〈맞춤 수트〉에서는 트랜스남성을 위해 정장을 특별 제작해주는 뉴욕 브루클린의 양복점 '빈델 앤 킵(Bindel & Keep)'을 중심으로 하여 트랜스남성들이 자기 몸에 맞는 정장을 찾아가는 과정을 보여주고, 의복을 매개로 사람들이 어떻게 정체성을 형성하고 표현하는지를 다룬다. 〈맞춤 수트〉에 따르면, 트랜스남성의 몸에 쫙 붙게 어울리는 정장은 기성복 정장과 다르며 시스남성의 정장을 맞추는 방식과 같아서도 안 된다. 트랜스남성에게 맞는 정장은 남자 같아 보이지 않는 큰 골반을 가려주면서도 앞섶을 적절히 드러내며, 좁은 어깨를 티 나지 않게 하면서도 너무 과장되지 않게 하는 섬세함이 필요하다. 이렇게 복잡한 고민 끝에 형상화될 수 있는 '정장에 어울리는 몸'은 대체 무엇일까? 정장을 입어서 어색하지 않고, 골반 같은 여성스러운 특징이 티 나지 않으면서도 남자다운 멋스러움을 뽐낼 몸이다.

나는 인터뷰 참여자들이 상체만이 아니라 하체의 옷맵시에 관해 이야기를 이어 갔다는 점 역시 흥미로웠다. 사회생활을 하면서 타인의 사타구니 모양새를 눈여겨보는 경우가 얼마나 될까? 두드러지게 튀어나온 사타구니 앞섶이 눈에 들어오더라도 대부

---

11) Jason Benjamin, (Dir), *Suited*, USA:HBO, 2016.

분은 대수롭지 않게 넘기거나, 굳이 언급하는 게 상대에게 매우 무례한 일이라 여길 수 있다. 아무도 "오늘은 볼록 튀어나오셨네요."라며 아침 인사를 나누지 않는다. 그런데 뜻밖에도 인터뷰 참여자들은 자신들의 앞섶에 두드러지게 튀어나온 모양새가 있느냐 없느냐에 매우 큰 관심을 두고 있었다.

가끔 패커를 쓰기는 해요. 진짜 별거 아닌데 눈치가 보이거든요. 붙는 바지나 운동복 입었을 때 특히 더요. 꼬툭튀라 하나? 다른 남자들은 앞으로 튀어나온 거 말고도, 아래로도 불룩한 게 있잖아요. 근데 난 그게 없으니, 말 그대로 여자 가랑이 같은 거죠. (규빈)

트랜스남성들은 불룩하지 않은 앞섶을 두고 남자가 아니라고 의심받을 수 있는 치명적 약점이라 인식한다. 반면에 '꼬툭튀 ('꼬추가 툭 튀어나왔다'를 줄인 말)' 하면 남성으로서 자신감을 느낀다는 트랜스남성도 있다. 선곤은 성적 만남을 위해 게이 커뮤니티에 나갈 때나 구직 면접을 하러 갈 때 당당하게 보일 자신감을 불어넣기 위해 스스로 암시를 걸듯 패킹(packing, 사타구니에 패커를 부착하는 작업)을 하고 나간다고 말한다. 그에게 '꼬툭튀'한 옷맵시는 스스로에게 남성임을 강하게 암시해주는 장치여서, 그 자신감을 바탕으로 타인에게 남자다운 당당한 인상을 주고 싶을 때 착용한다.

하지만 볼록함만으로는 충분히 만족스러울 수 없다. '꼬툭튀'

의 부피감을 만들기 위해 양말, 휴지 뭉치, 실리콘 패커 등 뭐든 속옷 앞주머니를 채우기만 하면 페니스 부재를 대체할 수 있는가? 그렇지 않다. 트랜스남성을 비롯한 한국 사회 남성들에게 페니스란 아무래도 상관없는 살덩어리가 아니다. 트랜스남성들이 페니스를 어떻게 생각하는지 좀 더 구체적으로 알아보기 위해 성행위 공간으로 들어가보자.

혼란의 '현자 타임'[12]

이성 간이든 동성 간이든 남성의 성행위는 페니스를 중심으로 이뤄져야 한다고 여기는 사회에서 트랜스남성들은 삽입 섹스를 할 때마다 페니스가 없다는 사실을 실감한다. 그리고 난국을 타개하기 위해 자신만의 방법을 창조해내고 협상하는 과정을 반복한다.

> 내 섹스의 종착점은 시스남성과는 또 다른 현자 타임이야. 시스남성에게 사정을 하고 느끼는 현자 타임이 있다면, 나에게는 혼란의 현자 타임이 있지. …… 만족감과 정복감은 들지만, 그 후 밀려오는 것들은 허무, 허탈, 절망일 때도 있어. 사정을 할 수 없으니 시스남

---

12) 일본의 온라인 커뮤니티에서 사용하던 말에서 기원하여 최근 등장한 은어이다. 페니스가 있는 남성이 자위와 섹스를 거쳐 사정을 한 후 경험하는 성교 후 우울감(Post-coital tristesse, PCT) 또는 성교 후 불쾌감(post-coital dysphoria, PCD)을 뜻한다.

성들이 느끼는 사정감도 느낄 수 없고 삽입도 내가 하는 행위일 뿐 나에게 직접 전달되어 느껴지는 부분은 크지 않으니. (정환)

자신의 몸으로 삽입 섹스를 실현할 수 없는 트랜스남성은 남성으로서 자존감을 훼손당한다. 자신의 페니스를 삽입하는 꿈은 나중으로 미룰 수밖에 없다. 페니스가 있는 남성이 사정 후 우울함을 느끼는 경우(이른바 '현자 타임')와 대비해, 정환은 성행위 후 "밀려오는 허무, 허탈, 절망"을 "혼란의 현자 타임"이라 적절히 표현하고 있다. 이 같은 좌절은 '질 삽입 섹스(PIV, Penis in Vagina)'의 경우에만 발생하는 것이 아니라 동성 간 성행위에서도 발생하며, 이때 트랜스남성은 페니스 부재를 남성성의 상실로 자각한다.

어릴 적부터 저에게 섹스란 불가능한 거였어요. 넣으려야 넣을 게 없으니까요. …… 게이 포르노를 보거나 남성과 하는 상황에서도 현실감이 떨어지는 느낌이에요. 상대가 남성이라 해도 제가 하고픈 건 넣는 쪽이거든요. 근데 할 수 있는 게 없죠. 내가 통제권을 가질 수 없다는 기분이 들고요. 도구를 써서 하긴 하는데 그건 마치 환상통 같은 거예요. (규빈)

여자랑 있을 때 느끼는 쾌감은, 내가 상대 위에 올라타고 내려다볼 때 내가 땀 흘리며 움직이고 있는 몸 좋고 멋있는 남자가 되겠지하며 느끼는 즐거움 쪽의 남성적인 쾌감인 데 반해, 오히려 말초적인 즐거움을 나눌 수 있는 상대는 남자 쪽을 상대할 때야. 이래서 성관계 상대로는 남자를 더 찾게 되는 듯해. …… 난 삽입 섹스에 욕망이 있어. 남자에게든 여자에게든 둘 다 삽입하고 싶다는 마음이 질적으로 크게 다르지는 않아. (선곤)

게이 남성인 규빈과 바이섹슈얼 남성인 선곤에게는 좀 더 복합적인 갈등이 있다. 규빈은 페니스를 통제력과 연결 지으면서, 성행위 시 도구를 쓰는 자신의 몸을 '환상통[13]'을 지닌 몸과 동일시하며 자괴감에 빠진다. 환상통 같은 페니스 부재는 통제권 상실로 인식되고, 그들의 비이성애적 성행위는 '완벽하게' 행해지지 못한 채 미뤄진다.

먼저, 트랜스남성의 서사에서 몸의 이미지와 쾌락을 분리하여 볼 필요가 있다. 이들에게는 통제력을 과시하고자 하는 욕망이 있다. 그것은 "상대 위에 올라타서 내려다볼 때 땀 흘리며 움직이고 있는 몸 좋고 멋있는 남자" 역할을 행하는 몸이 되고픈 욕망이다. 그것은 포르노를 통해 습득한 판타지 이미지, 주변 사람

---

13) 의학적 병명은 환상지증증후군이다. 팔과 다리 등 신체 일부가 실제로는 없는데도 마치 있는 것처럼 움직이고 있다는 느낌을 받거나 촉감이나 가려움 같은 감각을 느끼는 증상을 말한다. 한국표준질병사인분류(Korean Standard Classification of Diseases, KCD)에 따르면 통증을 동반한 경우와 동반하지 않은 경우로 세부 분류가 나뉜다.

들이 자랑하던 이상적인 성행위의 자세, 누워 있는 상대를 내려다보는 위치, 삽입 시 피스톤 운동의 강약을 통제하는 포지션으로 대표되는 '삽입하는 남성 이미지'에 부합하고픈 욕망이다.

다음으로, 삽입하는 남성에게 쾌락이란 상대에게 쾌락을 주어야 하는 일종의 의무이다. 그는 사정 행위를 쾌락 자체로 여긴다. 성행위를 마친 후 "좋았어?"라고 물으며 굳이 확인하려는 남성들의 심리에서 볼 수 있듯이, 성행위를 통제했다는 사실은 체위와 자세뿐만 아니라 쾌락을 준다는 행위와 동급이다. 삽입하는 남성은 성행위를 하는 데 그치지 않고 성행위를 '잘하는' 남자가 되고 싶은 욕망을 충족하고 싶어 한다.

여기서 페니스 및 성행위와 관련하여 남성들이 공유하는 낭만화된 몸이 있다는 사실을 발견할 수 있다. 낭만화된 몸은 쾌락 자체를 몸의 일부분에만 집중하며 구성된다. 페니스를 삽입하는 행위만이 성적 존재로서 남성임을 증명하는 유일한 정답일 수 없다. 그런데도 남성은 성행위에서 페니스를 중심으로 쾌락을 느껴야 한다는 강박을 느낀다.[14]

어떤 행위가 정상적인가와 그것을 잘 수행할 수 있는 몸의 이미지가 무엇인가는 생득적이거나 만고불변한 것이 아니며, 사회의 성별 담론과 밀접히 연관되어 있다.[15] 만약 삽입하는 페니스

---

14) 한국 사회의 성교(intercourse) 중심 성문화와 이와 관련한 여성주의 이론에 관해서는 정희진, "성적 자기 결정권을 넘어서: 공간, 몸, 성폭력", 변혜정 엮음, 《섹슈얼리티 강의, 두 번째》, 동녘, 2006 참조.

외의 쾌락이 주가 되면 그는 남성적이지 못한 존재가 된다. 지배적 성별 담론에서, 삽입당하는 남자, 페니스가 아닌 다른 성감대를 더 선호하는 남성들은 '호모 새끼'나 '변태 자식'으로 낙인찍혀 비난받는다. 페니스 없이 이뤄지는 섹스 중에는 '레즈비언섹스'처럼 비정상이란 낙인을 넘어서서 당사자의 자긍심이 담긴범주도 있다. 그러나 트랜스남성에게 섹스는 별도의 범주가 될수 없다. 별도의 것으로 구분되는 것은 정상적이지 않다는 뜻이고 그가 남성이 되는 데 실패했음을 의미하기 때문이다. 트랜스남성의 섹스는 그냥 '남성의 섹스'여야만 한다.

트랜스남성들은 '무난한 페니스'를 갖춘 몸을 바란다. 자극을받아 점점 부풀어 오르는 발기의 느낌, 삽입을 하여 상대를 꽉채워줬다는 만족감, 사정을 참으며 섹스의 종결 시점을 통제하는 자제력, 사정을 하고 자신이 끝을 마무리했다는 성취감을 느낄 수 있는 몸이다.

트랜스남성이 그런 몸을 얻는 일은—페니스를 만드는 외과적 수술의 방법을 통한다 하더라도—현실에서는 불가능하다. 비용이 비싸고, 건강을 해칠 수도 있으며, 의료 기술적 한계 때문에 발기-사정-이완이라는 '페니스의 정상적 기능'을 온전히

---

15) 주류 성별 담론 내에서 정상적인 몸의 이미지가 형성되면서 비규범적인 '다른 몸'을 어떻게 다룰 것인지 논의해 온 계보학적 맥락에 대해서는 루인, "괴물을 발명하라: 프릭, 퀴어, 트랜스젠더, 화학적 거세 그리고 의료규범", 《성의 정치 성의 권리》, 자음과모음, 2012, 51~110쪽 참조.

수행하기 어렵기 때문이다. 그리하여 페니스를 만드는 수술을 지금 굳이 해야 할 필요성을 못 느끼는 트랜스남성이 많다.

나는 트랜스남성들이 공통으로 품고 있는 의문인 '시스남성에게 있을 거라 추정되는 페니스의 이미지는 대체 무엇인가?'를 고민하다가, 그런 것이 실재하지 않는다는 생각이 들었다. 트랜스남성의 페니스 부재는 다른 측면에서 바라봐야 하지 않을까? 트랜스남성을 비롯하여 모든 남성들은 자신의 몸이 성적으로 완벽하지 못하다는 불안을 늘 느낀다. 사실 삽입 섹스의 경우 페니스의 크기와 쾌락의 정도가 반드시 비례하지는 않는다. 실제로 페니스 크기의 중요도가 매우 과장되어 있음에도, 남성들 사이에서 페니스의 길이와 굵기는 서로의 성적 능력을 경쟁하는 데 중요한 위상을 지닌다. 남성들은 페니스의 크기와 강직도, 발기 지속 시간과 사정하는 양이 성적 능력을 대변한다고 굳게 믿지만, 이 기준으로 보면 페니스가 있는 남성들과 페니스가 없는 남성(특히 트랜스남성) 간의 차이는 더 모호해진다. 삽입 섹스를 하는 모든 남성이 성행위를 철저히 통제할 힘을 주는 완벽한 페니스가 달린 몸을 얻고 싶어 하지만, 그것은 누구도 얻을 수 없는 환상적인 몸이기 때문이다.

할지 말지 통제할 수 있는 권력

성적 행위를 통제할 수 있는 권력은 남성성의 많은 부분을 규정한다. 이 권력이 남성성과 어떻게 연결되는지를 잘 보여주는 지점이 성폭력을 대하는 남성들의 태도이다. 이와 관련하여 나는 인터뷰 참여자들이 성폭력 상황을 어떤 관점으로 바라보는지 알아보기 위해 서두의 인용문에 등장한 '만원 버스 상황'에 대해 질문해보았다.

정환은 자신이 남성으로 여겨지는 게 자연스러워진 후부터는, 남성인 자신의 부주의한 행동이 '배려의 대상인 여성'에게 성적 폭력을 가하는 것으로 오인당할 수 있으므로 공공장소에서 여성을 대하는 행동을 더욱 조심하게 되었다고 답한다. 즉 그는 신사로서 행동하는 것이 남성성의 일환이라 인지하고 있다. 자신의 행동이 '의도치 않더라도' 상대에게 성폭력으로 받아들여질 수 있기에 더 조심한다는 그의 시각은, 성폭력 구조에서 자신이 여성보다 더 우월한 지위를 차지하는 존재라는 입장을 강변하고 있다. 이러한 배려는 성폭력을 행할 힘이 있지만 이를 행할지 멈출지를 결정할 수 있는 성별 위계에서 자신의 위치를 찾는 남성적 권력이 발현된 모습이다.[16]

태혁은 '남성의 자연스러운 성욕'이란 측면에서 성폭력을 할지 말지 결정할 권력을 남성성의 한 부분으로 자각하고 있었다. 그는 성적으로 끌리는 여성과 '억지로라도' 성적 관계를 맺고 싶다는 욕망을 상대에게 자신이 얼마나 끌리는지를 재는 척도로

---

16) 성폭력 가해자와 남성의 동일시와 관련해서는 권김현영, "해제: 아직 남자는 그려지지 않았다", 토마 마티외, 《악어프로젝트》, 맹슬기 옮김, 푸른지식, 2016, 173쪽을 참조.

삼는다.

성폭행을 하는 상상을 한다고 해야 하나? 정말 맘에 드는 사람으로 상상하기는 하죠. 내가 끌리는 사람에게 억지로라도 하고 싶다는 상상. '꼬시면 넘어올까? 자면 어떨까? 어떤 느낌일까?' 하는 걸 상상하는 정도일 뿐이죠. …… 상상에서 그치는 거니 변태는 아니라고 봐요. …… 당연히 범죄를 저지를 수는 없죠. 눈치를 보다가, 되겠다 싶으면 시도를 하는 거고 아니면 접는 거고. (태혁)

정환과 태현의 서사는 다른 듯하면서도 일맥상통한다. '신사도를 발휘해 접촉을 조심한다'와 '억지로라도 하고픈 욕망은 있지만 범죄이니 참는다'는 서사는 화자가 다를 뿐, '내가 통제한다'는 점에서 같다. 트랜스남성의 이러한 태도는 "그것도 못 참고 딸 같은, 누이 같은 사람에게 몹쓸 짓을 하냐."라고 비난하거나, "성폭력이 범죄이긴 하지만, 남자들한텐 본능이란 게 있어서 예쁜 여자를 보면 못 참을 수도 있지."라고 (긍정까지는 아닐지언정) 공감을 표하는 입장처럼, 성폭력을 '참을 수 있는 것 혹은 참아야 하는 것'으로 바라보는 다수 남성의 태도와 유사하다.

반면에, 선곤은 자신이 성폭력의 가해자가 될 수 없는 이유를 조심하거나 신사적인 행동을 취함에서 찾지 않는다. 대신에 그는 자신이 트랜스남성이자 게이여서 여성을 대상으로 삼는 성폭력의 가해자가 "될 리가 없다."고 말한다.

'내가 그럴 리 없지'라는 생각을 하기는 해. 내가 여자였기 때문인지 게이이기 때문인지 뭔지는 모르겠지만, 나는 어차피 성폭력의 가해자가 될 수 없다고(생각해). …… 그래서 몸이 안 닿게끔 조심한다는 게 어떤 의미인지는 아직도 이미지가 잘 안 잡혀. …… 아마도 페니스 관련한 거 아닐까? 만약 성기 수술을 하고 나면 만원인 버스 지하철에서 밀착이 되면 닿을 수 있나? 성기 수술을 하고 나면 지금과는 다를까? (선곤)

선곤의 발언 중에 가장 핵심적인 부분은 어쩌면 "성기 수술을 하고 나면 지금과는 다를까?"이다. 이 말은 서두에서 언급했던 인용문의 상황과 곧바로 연결된다. 강제적 성행위를 하느냐 마느냐를 통제하는 남성 권력의 주체가 될 수 있는지 여부를 페니스가 있고 없고로 판별하기 때문이다.

성욕은 신체 기관에서 곧바로 생기는 게 아니라 규범 속에서 그 형태를 갖추는 것이다. 누구를 성적 대상으로 삼아 어떤 행동을 취할 것인가, 그때 자기 몸이 느끼는 감각은 어떠해야 하는가는 페니스에서 나오는 게 아니라 규범에서 나온다. 페니스가 모든 남성의 성욕을 만든다는 것은 신화일 뿐이다. 그러나 이들은 그 거짓된 신화를 믿으면서 스스로 실천하고 있다. 성폭력은 페니스로 저지르는 일이라는 선곤의 관점이 그 증거이다.

서두의 인용문을 발표한 이 역시 선곤과 같은 관점을 보여준다. 그는 발표장에서 "위의 사례에서 …… '진짜' 남자가 된 기분이 들어 흥분되었으며, 사회적으로 '정상'적인 몸을 획득한 듯한 감격과 그때 '가능한' 삽입 섹스를 상상하여 얻어진 흥분이고 환상의 내용"[17]이라 덧붙여 해설했다. 그의 해설 역시 핵심을 비껴간다. "나는 여성을 성적으로 대상화하지 않는다." 혹은 "나에겐 페니스 자체가 없다."는 말보다 더 중요한 것은 모든 성적 행위가 일어나는 구조에서 지배적 남성 규범에 따른 성욕을 좇는가, 성적 행위를 행할지 말지를 정할 권력이 있는가이다. 성적 욕망을 충족하기 위해 강제적 성행위를 할 것인가 말 것인가를 결정할 수 있는 권력을 쥔 이와 동일시함으로써 남자 되기를 실행하고 있다는 점에서, 트랜스남성들은 전형적인 한국의 평범한 남성이다.

여기서 우리는 '페니스 부재'를 사유하는 관점을 달리할 필요가 있다. 많은 트랜스남성들이 페니스 부재를 토로하며, 페니스를 만드는 수술을 받는다 할지라도 이 과정에서 만들어진 페니스는 생득적인 페니스에 미치지 못하는 가짜 페니스일 뿐이라고 한탄한다. 물론 '페니스 부재'는 트랜스남성들의 실존 문제이다. 이들의 신체적 조건과 그에 얽힌 좌절을 무시할 수는 없다. 그렇지만 트랜스남성들이 자신을 성폭력적 욕망을 통제할 수 있는 권력을 쥔 자로 간주하고 그 경험을 남성성을 발현하는 긍정적인 것으로 인지하는 한, 그들은 사회적 남근(지배적 남성성)을 이

17) 크레아틴, 앞의 글. 2008에서 인용.

미 획득하고 있는 '보통 한국 남자'라 할 수 있겠다.

트랜스남성은 '한남'이 되고 싶은가

트랜스남성의 남성성은 일견 전형적인 '한남'이 되고 싶은 욕망과 다를 바 없어 보인다. 서두의 인용문에서 내가 처음 느꼈던 '평범한 남성성'은 일상에 만연해 있고 '한남'들이 과시하고 있는 바로 그 남성성이었다. 태어날 때 지정받은 성별이나 페니스 유무를 비롯하여 신체적 차이 등 들킬 위험을 내재화하는 맥락상 조건은 분명 다르지만, '마초스러운, 너무나 마초스러운 트랜스남성성'은 한국 사회의 남성성과 구분 짓는 게 무의미하다.

한국 사회에서 남성성의 규범을 완벽히 수행하는 것은 불가능하다. 아니, 수행 불가능성 그 자체가 남성성의 특징이기도 하다. 언제나 지연되는 것, 늘 실패하는 것, 적절한 좌절을 추동력 삼아 사회적 남근이라는 성별 위계와 역할을 지속하는 것이 지배적 남성성을 구성하는 요소이기 때문이다. 한국 사회에서 남성으로 살아가는 이들은 모두 이러한 남성성의 속성에서 벗어날 수 없다. 각각의 남성 집단들이 발현하는 남성성이 그러하듯, 트랜스남성 역시 '한남으로서 남성성'이 지니는 수행 '불가능성'을 잘 이행하며 살아가고 있다. 그래서 트랜스남성에게 남성성이란 언제나 획득할 수 없음으로써 얻어지는 역설적인 것이다.

이런 의미에서 트랜스남성의 트랜지션 과정은 그저 '한남'이 되는 것뿐일지도 모른다. 트랜스남성의 남자 되기 욕망과 실천은 결국 이 사회의 주류 남성 문화에 달려 있기 때문이다. 트랜스남성은 지금껏 그래 왔듯 자신들의 맥락과 입장에서 성별 규범을 충실히 수행하고 남성성을 발현하며 살아갈 것이다. 트랜스남성성은 '한남'이 됨으로써 한국 남자의 남성성을 충실히 따라갈 수도 있다. 하지만 지금과는 다른 방향으로 변화가 생겨날 수도 있다. 다음과 같은 질문이 그 다른 방향의 변화를 만들지도 모른다. "트랜스남성이 되고 싶은 것은 '한남'인가?"

한국 남성을 분석한다

2017년 5월 26일 초판 1쇄 발행
2024년 7월 1일 초판 6쇄 발행

- 엮은이 ──────── 권김현영
- 지은이 ──────── 권김현영, 루인, 엄기호, 정희진, 준우, 한채윤
- 펴낸이 ──────── 한예원
- 편집 ──────── 이승희, 윤슬기, 양경아, 김지희
- 본문 조판 ─────── 성인기획
- 펴낸곳   교양인
       우 04015 서울 마포구 망원로6길 57 3층
       전화 : 02)2266-2776 팩스 : 02)2266-2771
       e-mail : gyoyangin@naver.com

ⓒ 권김현영, 2017
ISBN 979-11-87064-13-8 04300
ISBN 979-11-87064-07-7 (세트)

이 도서의 국립중앙도서관 출판예정도서목록(CIP)은 서지정보유통지원시스템 홈페이지(http://seoji.nl.go.kr)와 국가자료공동목록시스템(http://www.nl.go.kr/kolisnet)에서 이용하실 수 있습니다.(CIP제어번호: CIP2017011260)